启真馆出品

不再焦虑

心灵富足的退休生活

［日］井形庆子——著

丁楠——译

浙江大学出版社·杭州

ZHEJIANG UNIVERSITY PRESS

图书在版编目（CIP）数据

不再焦虑：心灵富足的退休生活 /（日）井形庆子
著；丁楠译. -- 杭州：浙江大学出版社，2024. 12.
（启真·闲读馆）. -- ISBN 978–7–308–25578–3

Ⅰ. C913. 6

中国国家版本馆CIP数据核字第2024NV3358号

不再焦虑：心灵富足的退休生活

［日］井形庆子 著 丁 楠 译

责任编辑	周红聪	
文字编辑	韩 蕊	
责任校对	闻晓红	
装帧设计	林吴航	
出版发行	浙江大学出版社	
	（杭州市天目山路148号　邮政编码310007）	
	（网址：http://www.zjupress.com）	
排　版	北京楠竹文化发展有限公司	
印　刷	北京中科印刷有限公司	
开　本	880mm×1230mm　1/32	
印　张	6.25	
字　数	118千	
版印次	2024年12月第1版　2024年12月第1次印刷	
书　号	ISBN 978-7-308-25578-3	
定　价	54.00元	

☕ 文库版前言

多年来，我致力于将英国人对老房子情有独钟的居住理念以及花很少的钱就能让生活变得丰富的智慧带到日本。如今跨过了五十岁的门槛，我忽然意识到，此前在英国体验到的节俭精神，以及不为社会规范所束缚、自由安排人生、让自己享受当下的生活方式是多么重要。

截至 2011 年度末，日本政府债务高达 959 万亿日元，那是一个用国民存款总额也无法填补的数字。这个数字仍在以每年超过 35 万亿日元的幅度增长着，并预计今后还将继续增长下去。徒有其名的震灾复兴税[1]将持续二十五年，然而由此带来的收入下降及其给国民造成的影响却是实实在在的，如何在不稳定的时局中保护好自己的生活已成为迫在眉睫的问题。而被人们视为救命稻草的养老金，其领取年龄已从今年起阶段性地延迟到了六十五岁。在今年这个"2013 年问题"的起始之年，人们普遍对未来充

---

[1] 2011 年，日本政府的"复兴构想会议"上"震灾复兴税"被提出，要求赈灾经费由全体国民共同承担，以此确保地震灾后重建的资金来源。

满担忧。

我在日本和英国之间来来回回跑了三十几年，说起来，英国也有过类似的时期。从20世纪70年代开始患上"英国病"[1]，失业人口不断增加，到2000年后伦敦的金融街和市区成为世界的金融中心，英国在这三十年里发生了巨大的变化。

特别是在2008年"雷曼事件"爆发前的十年里，全世界的投资资金不断涌入英国，伦敦成了全世界物价最高的城市。

四五年前去英国旅行的人都会惊讶地说："想不到英国的东西这么贵，吃一盘意面要2000多日元，买个三明治也要小700日元。"[2]不仅如此，受席卷发达国家的通货膨胀影响，一个典型英国家庭的年支出，据说在一年里就平白无故多出了30万日元。

此后，欧洲开始爆发债务危机，在各国经济持续低迷的大背景下，尽管英国坚持采取紧缩性财政政策和金融缓和政策，经济却始终停滞不前。物价上涨，2011年的通货膨胀率达到4.45%，手机通话费、燃气费和电费也在大幅上涨。

---

[1] "英国病"指的是，二战后英国劳资纠纷频发、经济增长不振。英国经济与社会问题严重，犹如患病。

[2] 2008年，100日元约等于人民币6.74元。因此，2000日元约为人民币135元，700日元约为人民币47元。

然而不论时势如何变化，英国人骨子里的那种对生活的热爱始终是坚定不移的。

　　房子年头久了，他们会夸它"越来越有韵味了"，自己老了，他们会高兴地说"上岁数了，更自由了"，哪怕是在不景气的时候，哪怕是在进入泡沫经济后。这些我们日本人认为是不好的事情，在英国人的价值观里却能够成为孕育出全新生活方式的原动力。

　　就好比很多英国人不等到退休年龄，在四五十岁正当年的时候，就把生活重心从工作上转移了出来，开始为后半生能够过上令自己满意的生活做准备。

　　有个独自居住在伦敦郊外的英国女人，在四十八岁那年，就为自己繁重的房地产销售职业生涯画上了句号。

　　"太神奇了，虽然辞职了，收入减少了，但是自从有了好多属于自己的时间，开支反而控制住了。以前忙工作的时候，花钱明明像流水一样。"

　　这位女士离职后，第一时间卖掉了需要花高价养护的汽车，这样她每个月就省出了大约三万日元的油费、保险费和税费。如今她骑着朋友给她的自行车，再也不用考虑堵车的问题，想去哪里都可以说走就走。

　　不仅如此，以前交给园丁打理的院子，她决定今后要亲自来照顾。她还退出了以前为了维持体能而加入、需要支付高额会费的健身房。如今，她每天早晨都会花上两小时，沿着泰晤士河的河边小路和爱犬一起悠闲地散步。下午她会在家里教住在附近的法国人说英语，晚上则用她最喜欢的保鲜花来制作花束。

"这些花永远不会枯萎，我会把它们做成好多胸花和插花，等作品攒多了，就摆在起居室里出售。"

靠教口语课和插花，她每个月大约有 15 万日元的现金入账，再加上在职期间和公司共同缴纳的企业年金（company pension），她的月收入一般在 23 万日元左右。来年等房子装修好了，她打算把二楼的空房间租给留学生，这样每个月还能有大约 10 万日元的固定收入。

收入虽然减少了，但只要能控制好支出，即使是住在伦敦这样的高物价城市，日子也还过得去。

以前在房地产公司担任经理时，这位女士为了能获得优质客户，经常有很多看不见的开支。比如，中午去外面会餐，一次就能消费小一万日元，此外还有买礼服的钱、半夜打出租车的钱。每个月收到信用卡账单明细时，她都感觉特别空虚，好像工作就是为了把工资花出去一样。

从二十多岁到现在，她不吝支出，不辞劳苦，直到半退休后才拥有了现在的生活。而这样的生活方式，正是无数英国人梦寐以求的、在工作与生活之间取得平衡的理想生活方式。

经济下滑，物价持续上涨，在这一背景下，这位女士做出的与自身条件相符的方向转变，在我看来是极其振奋人心的。

我们日本人以前总被说成"爱工作胜过爱生活"，然而，那个公司和工作比个人生活更能赋予人生价值的时代，已经随着终身雇佣制和年功序列制[1]的倒塌和降薪时代的来临而逐渐消亡了。

如今，工作只是为了生存而赚钱的手段，人生价值则要从家庭以及属于个人的时间中去获取。想必今后会有越来越多的人像我在英国看到的那样，把自己的生活方式调整成"以生活为中心"吧。十年前我这样说时，有人曾这样回应：不可能的，日本的处境比英国严峻，欧元和英镑的走势那么好，英国人的收入肯定比日本人多。

为此我对比了当年（2006）日英两国的人均年收入。在经济规模两倍于英国的日本[2]，人均年收入是434.9万日元，英国则是24130镑，按当时的汇率换算是506.8万日元。相比上一年，日本的人均年收入减少了2万日元，英国的则上涨了3%。这样看来，确实感觉英国人赚得更多。不过，欧洲的税金向来是很高的。根

---

[1] 日本企业的传统工资制度，主要内容是基本工资随员工的年龄和在企业的工龄逐年增加。

[2] 2006年，日本的GDP为4.91万亿美元，英国的GDP为2.34万亿美元。

据商业杂志 *President*（2007 年 12 号）提供的数据，如果看城市居民每个月实际到手的收入，在东京是 24 万日元，在伦敦是 27 万日元，税后的差距并不大。

再看 2010 年的数据，英国的人均年收入是 25833 英镑，按当时的汇率（1 英镑 =131 日元）换算是 338 万日元，而日本则是 412 万日元，已经超过了英国。

此外，据房地产金融公司 Halifax 的调查，伦敦及其周边地区的房价要远超东京，哪怕只看公寓房这一项，相比伦敦 5993 万日元（按 1 英镑 =130 日元计算，2012 年 9 月，BBC 新闻）的出售均价，东京仅为 4986 万日元。

不仅如此，据预测，福利大国英国将于 2041 年迎来老龄人口的高峰，老年人届时将占到总人口的 24.5%。向少子高龄化社会转变已成为英国无法回避的问题。据某慈善机构统计，未来将有大约 20 万老年人家庭因支付不起供暖费而无法取暖。

此外另有新闻指出，由于过去四十年里贫富差距扩大，有 25% 的英国人目前正在社会底层挣扎。从这些靠养老金生活的人的穷苦状况也可以看出，日本人与英国人的处境大抵是一样的。然而就国民的基本生活水平来说，相比工资涨幅追不上物价的英国，日本人的日子可能还要好过一些。

在日本，年收入低于 200 万日元的人口数量已超过 1000 万。贫富差距在逐年扩大，而随之到来的降薪时代恐怕还将持续下去。

然而，就是在极为相似的情况下，英国人却毅然决然地选择了会导致收入下降的半退休生活。现在回想起来，这些年来我对有别于日本的英式生活方式的学习，不仅改变了我对工作、住房以及闲暇时间的看法，甚至使我的人生观也发生了巨变。

不论世界怎样变化，只要我们掌握了能让我们终生歌颂生活的秘诀，那么不论将来发生什么，我想我们都能安安稳稳地走出属于自己的人生道路。

2012 年初秋于伦敦　　井形庆子

☀ 目录

第4章

让人后顾无忧的家当整理术

第5章

把"属于一家人的家"变成"属于自己的家"

第6章

亲近身边的自然，让自己保持年轻与健康

第 1 章

提前退休卸下重担，
享受工作带来的快乐

☕ 四十多岁辞去副总职务的男人的就业观

"日本人的顾家是只顾赚钱，英国人的顾家是想方设法把时间补给妻子和孩子。"

男人的一句话道出了日本人与英国人在工作观上的差异。一个人即使收入降低了，也仍然对生活感到满足。如果天底下真有这种事的话，秘诀大概就在于此吧。

这位先生是伦敦一家德国大型办公用品制造商的副总经理。他不顾公司高层的恳切挽留，在四十八岁那年自愿离职了。

他说，"不想再做高强度的工作了"，于是拿着离职金和公司养老金[1]，毅然决然地放弃了副总经理的位置。

这个凭借优秀的管理技能在柯达英国分公司担任副总经理的男人，三十多岁时年薪已超过两千万日元。但在另一方面，他每年有三分之一时间在美国出差，一年到头能在伦敦的家里安稳度过周末的日子屈指可数。

调查显示，经济景气的时候，多数英国人都有着"无法平衡

---

[1] 德国企业中的员工申请提前退休和自愿离职，公司也会提供补偿金。

家庭与工作"的烦恼。这位男士也不例外，随着子女一天天长大，他开始希望能有更多的时间陪在家人身边，并开始在繁忙的日常中质疑现状。

"做副总的时候，公司交给我许多大项目，从企业收购到开拓海外市场，全由我负责。我的工作就是分析数据，和同行竞争，计算盈亏。这份工作当然刺激，也值得去做，但累积的压力会让我在妻儿面前收不住脾气，或不愿说话。于是我想，必须换一种活法，当然前提是不能脱离社会。折中的方案就是在五十岁以后换一个相对轻松的工作。"

这位先生离职后卖掉了房子，和家人一起搬到了远离伦敦的一处能眺望到德文郡达特穆尔荒原的山间——他用自己的离职金在那里买下了一幢价格合适的房子。就此，他给自己在伦敦的生活画上了句号，过上了全新的乡间生活。

只有一个问题：工作怎么找？

这里稍微跑一下题。某个周五傍晚，我从希思罗机场乘长途巴士前往德文郡。巴士沿着 M4 高速公路穿行在一望无际的牧草地之间，往乡下一口气跑了七小时。其间我看向四周，发现车上坐满了人，而且不论男女老少都是西装革履的商务人士。问过才知道，他们几乎都在乡下买了房，但因为找不到工作，平时还得在伦敦上班，周五晚上才能返回在德文郡的家。我恍然大悟，这不就是英伦版的"异地通勤"嘛。

与其他国家一样，英国地方小镇的职位并不富余，所以那位曾经的副总从一开始就抱着"做简单劳动也无妨"的预期，打算在英国的大型超市特易购（Tesco）里谋取一个看仓库的职位。这件事如果放在日本，身居高位的人离职时向来可以优雅转身，堂堂正正地前往关联企业颐养天年，俗称"天人下凡"，怎么可能去看仓库？在日本人看来，那种职位应该是他想去就能去的。

　　然而男人去应聘时，曾两度在大企业里担任副总的履历和前上司的推荐信却成了他就任新职位的最大阻碍。理由是"卓越的管理能力"和"高收入"，以及推荐信上"出类拔萃的人才"。英国人换工作能否成功，往往受原公司的总经理或上司的推荐信左右。这封如实记述了员工工作态度和业绩的推荐信会被密封起来，当事人不得开封，更不用说加以篡改。可就是这封信上的真实内容，让超市的面试官举棋不定，不论男人如何强调自己想去看仓库的意向，面试官都面露难色，劝他出任管理职位。

　　男人为了摆脱繁复的工作重获自由，好不容易辞去了副总的位置，如今却又要在超市里重操旧业，这在他看来简直荒唐至极。只要能有自己的时间，只要工作压力不大，做什么都行，哪怕赚不够生活费都行。尽管如此，男人的求职之路却比想象中更加不顺。

　　某项杂志调查显示，如今在日本，大企业的高管同样面临着退休后再就业难的问题。在用人方看来，习惯了顶着大企业名号的前高管们架子大，对待遇也很挑剔，用人方对这类人物能否融入新集体表示怀疑，不愿聘用他们。

这位前副总自那次面试后整整两年没有找到称心的工作，他不断在网上和地方报纸上寻求职位，辗转于相当于 Hello Work[1] 的职业介绍所。

某个早上，他像往常一样在街上散步，路过报刊订阅处时随手拿起一份报纸，得知地方自治体正在招募针对高龄老人的家访人员。

"虽说只是一份六个月的短期合同，但因为是在上下班时间固定的地方自治体做事，我觉得无论如何都要去试试。"

男人已经五十一岁了，但他认真负责的态度赢得了面试官的认可，最终力压众多三十几岁的应聘者拿到了录用通知。他的工作是每天徒步走访责任区内的独居老人，了解他们的生活状况。

相比过去每天早上有司机开着漆黑的轿车登门迎接，到了公司有秘书周到的侍候，工作环境可谓天差地别。如今他需要坐在受访老人的起居室里，长时间当一个倾听者，必要时还要为老人安排陪护人员和保姆，而收入只有原来的五分之一。

然而，昔日从商业洽谈中培养出来的沉着变通的谈吐，让他在高龄老人中间的评价颇高，他的工作得到了自治体的肯定，合

---

[1] Hello Work，日本的人才交流中心。——译注

同也从六个月延长到了一年。进而在五年后，他以年过半百的年龄劣势，在乡镇职位稀缺的不利条件下，依靠个人努力拿到了正式的雇佣合同。

工作时间从早上八点到下午四点半，别看是正式工，却与加班和出差无缘。周末不用上班了，男人午饭前信步山间，午后和妻子投身园艺，晚上和孩子们一起享受烧烤大餐。

夕阳落入山间，一家人围坐在院子里吃晚饭，男人和妻儿们有一搭没一搭地闲聊着，沉浸在幸福中。他想，还好及时停住了脚步，自己险些就葬送了人生中失不复得的宝贵时光。

"人在有地位的时候总是患得患失，可是一旦放手了，再忙碌的日子也只是过往的回忆。一个人永远可以在最舒心的生活中找到归宿。"

人在五十岁的时候，脑力和体力都还充沛，再努一把力仍然有上升的空间。

不过，像这位副总这样，一心想要改变自己的生活，在远未到退休年龄的时候辞去本职工作迈向新生活，也是一种不错的选择。

这种看似会扼杀许多可能性的身份转变，与其说是为了重启人生，不如说是一种以"先有生活，后有工作"为目标的对人生的重新规划。这便是我从这个男人的经历中获得的感悟。

☕ 找回陪伴家人的时间才是最重要的

关于这位副总半退休的事，我心里还有一个疑问，那就是其他英国人听说这件事后会怎么想。

我在伦敦的朋友和同事，尤其是独身的白人，表示非常羡慕这位工作就是每天陪老年人说话的曾经的成功人士。

从每天有专职司机接送，变成每天需要徒步去拜访住在乡下的老人，虽说时间上自由了，却难免给人一种都市逃亡者的印象。这样的一个人，为什么能让我的朋友们，甚至是他们的家人和二三十岁的单身男精英都由衷感到羡慕呢？我总感觉有些不可思议。

事实上，人们会有这样的反应，背后还有一个原因。

在英国，如果你在地方自治体、邮局或消防局里上班，其工作性质会被认为和警察一样，是在给公民服务，是肩负着社会责任感的。

公职人员在英国并不像在日本有特殊待遇。2011 年英国国家公务员事务岗位的平均年收入为 308 万日元，相比日本国家公务员 637 万日元的平均年收入，差距相当明显。

英国的公务员并不是受特权保护的官员，而是侍奉人民的公仆。因此在地方自治体任职，相当于在拿过硬的个人能力去回馈人民。这件事本身就是值得被肯定的。

尽管没有高薪，却也收入稳定，而且不存在连一位副总经理都会感到抵触的加班，工作时间是固定的。这些都是此类工作吸引人的地方。

相比其他欧洲国家，英国的双职工家庭在人群中占多半，人均劳动时间也更长。假日酒店（Holiday Inn）的调查显示，有小孩的夫妇每天单独相处的时间只有 15 分钟。另外，由于工作压力过大，商务人士中"周五晚上只想睡觉，周日晚上睡不着"的现象也十分普遍。

究其原因，是市场经济正在将英国劳动者逼上前所未有的绝境。这样便不难理解他们为何会放弃高薪和业绩，去追求一份有利于社会的工作和安稳的生活了。

即使每天的工作只是向一个居民数量不足百人且多数是中老年人的村庄配送邮件，一个人也可以得意地说"我找到了一份让我感到自豪的工作"。在英格兰中部，一个名为格里姆斯比的小镇就有这样一个男人，他辞掉了不规律的程序员工作，当起了邮差，他的配送范围甚至涵盖散布在小镇周围的村庄。

由于英国人的邮箱并非立在门外，而是装在房门上的，家里的人很清楚邮差何时来投信。

"老人们大都住在郊外的村子里，他们天天盼着我去送信，我把信交给他们，他们就递给我一个马克杯，说'喝杯茶吧'。那些一个人住的老大爷想有个能说话的人，天天催我给他们讲镇上的事。"

不过，这份以回应他人期待为荣的工作，也有着相当辛苦的一面。

比如，英国人习惯在圣诞节时制订来年的旅行计划，于是十二月上旬的邮包里满是厚重的旅行手册和圣诞贺卡，重量直逼二十千克。有时一趟送不完，还要往返邮局好几趟。为了能把邮包装得更满，最后只好单穿一件T恤衫去蹬自行车。结果，不但平安夜没办法待在家里，而且圣诞节当天会因为疲劳过度和肌肉酸痛只能躺在床上。

"但是再累也好过每天对着电脑编程。被很多人需要的感觉是前一份工作给不了的。"

如此表态的男人和妻子过着二人生活，每天结束从早晨7点到下午1点的邮递工作后，他会教当地的孩子踢球，或是去健身房锻炼，尽情享受着不被工作霸占的生活。虽说收入比做程序员时少了一半，但也足够两个人过日子了。最重要的是和妻子在一起的时间变多了，这是他半退休后最大的收获。

此前因为缺乏沟通，两个人几乎活成了平行线，孤独使他的妻子一度患上了过食症。

"妻子需要我的时候我没能回应她，今后我们要一起做更多的事，把时间补回来。"

他的话深深刺痛了始终在育儿与事业之间摇摆不定的我的心。二十多岁的时候，我把孩子寄放在幼儿园，自己为了工作忙到深夜；三十多岁的时候，我一年到头都在出差，几乎没怎么和家人吃过晚饭。虽然总想着要在不远的将来填补和女儿之间的空白，却没有像样地行动起来，只是任由时间流逝。英国的商业精英们会羡慕半退休的前副总和前程序员，想必也是因为每个人都有各自想要找回的东西吧。

伊丽莎白女王曾在 2002 年的圣诞演讲时向国民传达了家庭的重要性："依我的经验看，幸福家庭的价值，是人之所以为人亘古不变的因素之一。"

上至女王，下到普通国民，英国人怀着对家庭的憧憬，清晰地看到了自己的归处。也许正是这份憧憬，激发了人们内在的生命力和勇于改变的决心。

两人分摊一职的"职务共享"的优势

　　我从十九岁开始在出版社做兼职，后来创办了自己的出版社。虽然做社长的压力让我几次住院，但也让我体会到了出版杂志和写书的乐趣。

　　如此培育起来的社会身份与职业经历为我带来了许多机遇，让我可以做我想做的事，赚我想赚的钱，见我想见的人，也让我可以成为理想中的自己。

　　走到这一步，我用了三十多年。我理解的人生，就是"积善事，成高山"。虽说现在不像从前那么辛苦了，但是好不容易筑成的东西，若不能延续下去总觉得可惜。与此同时我也隐约感到，如果再像从前那样拼命，身体就该撑不住了。尽管如此仍无法离开一线，大概是因为害怕失去长久以来从工作中获得的快乐和充实感吧。难道就没有更好的办法吗？

　　这时我想起了一个人，一个十七岁高中毕业后就开始在巴克莱银行任职的英国女人。作为英国银行巨头之一，巴克莱银行创立于 1690 年，在东亚、美洲、中东等地都设有营业网点，是 2007 年荣登《福布斯》全球上市公司 2000 强排行榜第 18 位的企业。

这位女士如今四十二岁了，而她在三十六岁时就已升到了银行经理的位置。

在普遍认为升迁需要依靠跳槽的英国，她长年坚守在同一片职场，由此积累的经验得到了巴克莱银行的高度评价，这也使得她的待遇可以与 CEO 看齐。一个没上过大学的女性能在大银行里坐上经理的位置，这在偏重学历的当代英国是非常罕见的。

然而令所有人都没有想到的是，她在四十岁那年怀孕了。一直以来，婚姻生活中如果有了孩子，留给她的选择无外乎几种：要么雇个保姆，要么让丈夫或其他人全面协助育儿，自己继续留在管理职位，要么申请产假，暂时离开职场。

管理职位来之不易，她不想放弃事业，但也不愿放弃育儿。于是，她没有接受任何一种方案，而是决定以一种全新的方式将管理工作继续下去。

这种方式就是"职务共享"——每周只在银行工作两天，其余三天由他人代理经理的职务。

每当有人需要离职，便由多名员工来分摊这份全职工作——这种弹性工作方式是布莱尔[1]政府于 2000 年 3 月主导并推行的"工作与生活协调计划"中的一环。由于每个孩子每月可以领取约合 1.6 万日元的补助金并免除儿童税，就算收入下降也足以维持生活。

---

[1] 安东尼·查尔斯·林顿·布莱尔，1997 年至 2007 年任英国首相。

在此之前，英国是欧洲数一数二的高劳动时长国家，并且存在顽固的性别分工。

布莱尔首相表示，"工作与生活相协调，对员工而言是生活质量的提升，对企业而言是经营业绩的提升"，并为推行该政策制定了弹性工作法（Flexible Working）。法律规定，家有不足六岁儿童的父母，享有向雇主申请错峰出勤或在家办公等弹性工作方式的权利。

该政策出台后受到了经营者的普遍欢迎，有94%的经营者在调查中表示，工作与生活的平衡最大限度地调动了员工的工作积极性（国家社会研究中心调查）。

英国有这样一家大型的电信公司，通过搭建IT化的管理体系，使员工在家也能获取工作所需的信息，成功令大约7000名员工把工作搬回了家。在家办公的优势不仅为公司吸引了大批的优秀人才，也使辞职率大幅下降，许多女性员工因此得以在产假结束后回归职场。

这个案例让我重新思考起了个人的时间对于一个人的工作意愿的重要性。薪资和头衔并不能让我们在工作中始终保持全神贯注，或者反过来说，只有当一定的自由时间得到了保障——哪怕这样会使收入减少——一个人才有可能积极地投入工作。

那位多亏了职务共享在四十岁时生下孩子的巴克莱银行的职业女性，如今一边继续着管理工作，一边在一周的其余五天里过着全职母亲的生活。

在日本，职业经历越丰富的女性，越有可能因生子而面临家庭与事业的抉择，或者，走上更为艰辛的家庭与事业两不误的道路，这样的境遇大大降低了日本女性的产后就业率。特别对于那些处在管理位置的女性来说，成为高龄产妇意味着家庭与事业更加难以两全。

虽然我自己在四十岁以前已经完成了育儿工作，但职务共享于我而言仍然有着巨大魅力。

仅仅因为一句"这个工作只有你能做"就像打了鸡血一样停不下来，这种状态顶多能持续到三十几岁。如果守住事业的前提是所有环节都亲力亲为，那么结果只可能是牺牲个人的时间，这样的例子在我周围比比皆是。没有时间留给朋友和家人，身体却随着事业的发展越来越糟，最终在闭塞感中被迫面对辞职与继续的两难选择。

不论是谁，工作久了都会想要离开职场一段时间。比如，想有一次海外留学的经历，想过一段时间的乡间生活，在保留职位的同时开始一些不一样的事情。又比如，想成为母亲，想学习新东西，目标因人而异。

职务共享、居家办公、弹性工作时间、减少出勤天数的集中劳动日制度，这些可以相互替代的劳动形式，正是英国人所看到的广义的半退休的形态。

事到如今再去论述日英两国之间的制度差异已经意义不大。关键在于，布莱尔政府出台的这一系列政策，并非仅仅为了给予女性稳定的环境，进而通过提高生育率来缓解少子化的社会问题。

考虑到近八成英国人都在强调"劳动时间过长，希望有更多时间陪伴家人"，克莱尔政府提出的"在工作与生活之间取得平衡"，对于让在职的人找回属于自己的时间，以及让拥有工作经历的人重返职场同样具有积极意义。

既然如此，我们是否也应该尽自己所能去调整劳动形式，不管处在哪个年龄段，都努力为自己创造出能够一边赚钱一边实现人生追求的社会环境呢？

第 2 章

不需要本钱，只要有时间和一技之长就能开展的有趣业务

☕ 为什么说没有存款也能退休

　　在英国，真正做到了半退休的人，大部分是年收入较高的中产阶级。但若问这些富裕的人是否有为了辞职而存钱，其实没有。事实上，英国的人均储蓄额只有约 247 万日元（国家储蓄及投资银行 2009 年调查），远低于日本的 870 万日元，特别是在像我一样持续工作的女性身上，这种倾向更为突出。

　　调查显示，约有一半英国女性没有为养老存钱，而且即使没有缴够养老金，仍有约三成女性愿意在五十五岁时退休。另外，只有 17% 的男性在调查中回答已经为养老攒够了钱。

　　这样的情况着实令人惊讶。

　　为什么英国人可以在没有保障的情况下，就在人生刚刚过半的时候果断选择半退休呢？

　　事实上，他们可以这样做是有原因的，而且原因还不止一个。

　　首先值得一提的是英国的年金制度（company pension）。这种名为"公司养老金"的由员工和雇主各缴纳一半的企业年金制度非常完善。企业年金类似于日本的厚生年金[1]，即使换了工作，也可以由新雇主继续缴纳。在此基础上，英国的养老金额度是要高于日本的，以一个工龄四十年的人为例，退休后可以终身领取相当于三分之二退休前薪资的养老金。

这种无须纳税又可以随时缴纳的企业年金不但从五十岁开始就能领取，政府还放宽了门槛，允许国民一边领取养老金一边再就业。正是这种日本所不具备的社会制度，让那些没有存款的英国人也可以安心选择退休。

没有存款也能退休的第二个原因，是英国不断看涨的房产市场。大部分英国人会在三十岁以前告别租房生活，开始贷款买房。在英国，一个合格的成年人需要具备三个条件，即"结婚、就业、购房"，因此据我观察，二十几岁的年轻人的房产拥有率是最高的。英国作为欧洲乃至全世界的劳动力输入大国，租房市场一直存在轻微的供给不足，加之房租太高，"租下不如买下"成了年轻人之间的至理名言。住房贷款公司Paragon指出，近几年的金融不稳定导致国民对购房持观望态度，租房需求一时间猛增，英国的平均房租已经上涨到了每月14万日元。这样一来，确实是买房更划算了。

大约在二十年前，一位在银行上班的朋友曾问我是否有意投

---

[1] 其性质相当于中国的养老保险。

资购买一套房产。房子位于伦敦中心区帕丁顿车站的后面，十叠大小[1]的一居室，带楼顶露台。我去看了房，房子就建在车站的正后面，是一栋矮楼的顶层。楼门前台阶两侧是明晃晃的黑色铸铁扶手，抬头可以看到别具一格的扇形采光玻璃。不过，位于三层的这套一居室只配有紧凑型厨房和整体浴室，逼仄得让人喘不过气来。起居室和厨房加起来只有八叠大小，相对而言的优势是有宽敞的露台并附带停车位。

不可思议的是，这套宛如牢房的一居室竟然是一个在律师事务所工作的男人和他做舞台设计的妻子，也就是一对双职工夫妻每月花 20 万日元租住的。为何一对收入丰厚的男女，婚后非要挤在这么一间又小又贵的房子里呢？

朋友在私底下告诉我："伦敦的房租太高了，租房的人都是只租一年就不续租了。这两个人也是，和我说下个月到期了就解约，结果一听我要卖房，又马上说他们要买下，住着不走了。"朋友说愿意以 1980 万日元的价格把这套一居室让给我。

"我跟你说，现在住在这里的两个人开出的价格是 2100 万日元。我觉得你把它买下来，将来对你有好处。"

我坐在游客熙攘的帕丁顿车站前的咖啡厅里，一边听朋友讲一边心想：既然如此，卖给他们不就好了？最终，因为我没打算

[1] 指十张榻榻米的面积，一叠为 1.62 平方米，十叠为 16.2 平方米。

在英国定居，也因为那房子太小了，虽然去看了房，我还是回绝了那位朋友。

结果等到 2004 年，房地产泡沫把伦敦的地价拔高了将近200%，那套一居室按当时的汇率已经被炒到了 1.2 亿日元。据说，那套房子后来卖给了那对摩拳擦掌等着接盘的租户，并在房地产泡沫达到巅峰时被抛售了。

自从我拒绝了朋友的提议，伦敦的房价就开始猛涨，1000万日元左右的公寓就算在郊区也是一房难求。当初哪怕是借钱也应该把那间"牢房"买下来，但等我后悔的时候已经晚了。撒切尔政府于 1986 年出台的"大爆炸"（Bigbang）金融缓和政策，使全世界的投资资金都流向了伦敦市中心的不动产产业，即使受到雷曼事件的影响，伦敦的房价在十年里仍然几乎涨了 2.5 倍。

这便是英国人相比将现金存进银行，更愿意花钱买房的原因。特别是在房源紧俏、需求稳定的伦敦等热门地区，只要把房子买下来，就算理财成功。综上所述，完善的企业年金、需求稳定的房产以及优渥的福利，英国人之所以可以不依靠存款，主要是因为有这样的社会体系在发挥作用。

然而，原因真的只有这些吗？

退一步说，就算日本的房价还像过去那样一路走高，就算养老金也涨上去了，我猜想日本人还是会抓住存款这个唯一能让我们安心的东西不放，就像一直以来我们都任由自己受它摆布那样。万一生病了，卧床不起了，马上就得用钱；万一制度突然变了，养老金缩水了呢？不管存多少钱，不安全感都不可能被完全消除。

回想起来，我们总是在说"没有钱没办法结婚""没有存款没办法换工作"，似乎我们对人生大事的意愿和决定，完全是被有没有存款左右着的。这一现象背后，是日本人"没有足够的钱就无法行动"的观念在作祟。

近年来，越来越多的英国人——以年轻人为主——倾向于在圣诞节和冬季促销时过度消费，导致取暖费和税金不得不依靠信用卡支付。众所周知，欧美的信用卡一般采取分期还款的偿还制度。或许我们可以这样认为，正是这种需要不断支付高额利息的不理智的习惯性浪费，为整个社会聚拢了熬过萧条经济、重现景气与欢腾的资金吧。

有这样一种说法，"Japan is a saving country, Western is owing countries"（日本是储蓄社会，西方是负债社会）。不屑于存钱的英国人很容易被解读为不懂得思前想后，但若换个角度看，这种性情其实代表了一种不依赖存款也能享受生活的生存精神。

当初慈善团体"帮助老人"（Help the Aged，现在的"Age UK"）公开指出"靠养老金过活的人因为养老金过低而生活拮据，无法旅行也无法在外就餐"的时候，就有许多声音表示这一言论与实际不符。"帮助老人"团体的观点是，当代英国人若想维持人均生活水准，除去房租每个月至少要花费 15 万日元。因此如果养老金不能追平这一开销，便会造成老年人的贫困问题。针对这种观点，一位七十多岁的公司职工是这样说的："能不能在外面吃饭，或是花很多钱去旅游，这些东西对我们来说没那么重要。你要知道，上了岁数的英国人本来也没有去餐馆吃饭的习惯。旅游方面呢，借住在当地的朋友和亲戚家里就可以了。我这辈子从来没住过旅馆，但是全英国都有我的熟人，我买一张便宜的车票去找他们玩，这就是旅游了。"

许多英国人退休后会选择搬去德文郡或多佛尔海峡附近的海边居住，据说这是因为会有很多朋友借旅游的机会登门拜访。等朋友来了，就可以一起去采购食材，然后一起围着桌子吃饭。没有必要刻意去餐厅破费，每个人采购拿手菜所需的食材，然后拼一桌菜，这样吃饭享受得很。

另外，子女成年后也会在经济上予以父母援助，这在英国被认为是成人的标志。子女会陪父母购物，或是出钱让父母来家里看望自己，就像父母曾经为子女做的那样，子女也会在经济上照顾父母。这同样是一种经济循环。

近来，一则关于"日本已婚女性人均拥有私房钱超过 100 万日元"的报道成为热点话题。我们从中当然可以得出女性对于未来经济形势和老后生活感到不安的结论，但是同时我们也要看到，钱这种东西就是不论存多少都不能让人感到安心的。

如果我们能更好地调整生活的方向，与大环境接轨，也许我们就可以不那么依赖存款，而是去做自己想做的工作了。

如何放弃依赖存款，寻找新的生活方式，也许这才是我们当下应该思考的问题。

每周工作三小时打造人气咖啡店的主妇们的智慧

白天路过家附近的商店街和公园时，经常能看到无所事事又不愿待在家里的老人们漫无目的地晃荡着。这样的情境让我深深感到，大把的空闲时间也许并不能治愈生活的疲惫，反而会夺走人们的生机。

"一天到晚想做什么就做什么"，其实很少有人会永远歌颂这种毫无限制的自由。日本总务省[1]发布的《2011年度劳动力调查》显示，六十五岁以上的国民中，有19.3%的人仍在以某种形式从事劳动。

很多已经退休的日本人出去工作是为了健康——因为害怕"脑子不用会糊涂""身体不用会不灵便"，他们甘愿忍受低廉的薪水。另外考虑到眼下低迷的经济形势，肯定也有很多退休老人是像韩国那样，"为了钱"而继续工作的。不过除去钱的因素，也有一部分人是因为不愿和社会脱节，不论什么工作都愿意去做。

---

[1] 总务省是日本中央省厅之一，其性质相当于中国的国务院办公厅。

当初我为了结婚离开供职的第一家公司后，整整有一年时间待在家里什么也没干。回想起那种看着日子一天天过去的空虚感，我很能理解那些退休老人的心情。可是，当我得知一位相熟的资深编辑在退休后只能去停车场看管自行车时，我的心里是别扭的。此人生来就是做编辑的材料，爱做书胜过爱一日三餐，即使从出版社年满退休了，也总是唠叨着"不想离开书"。可即便他拥有这样的资历，似乎也很难被出版社返聘。他一定是因为不想跟社会脱节，对自己的存在感到焦虑才去看管自行车的吧。另外这件事里肯定也有他妻子的原因：妻子不愿看他待在家里，就劝他出去工作。他大概从来没有时间静下心来好好考虑退休以后的事。

　　在这一点上，如果是在人生过半、身心都还有活力的时候选择半退休，就有充足的时间去思考什么才是能让自己幸福的工作方式，然后不紧不慢地去寻找那个可以从事终生且称心如意的工作了。

　　有一年冬天，我走访了威尔士的布雷肯比肯斯国家公园。那是一片位于威尔士与英格兰西南部交界的广袤土地，以黑山为首的连绵不绝的群山构成了一幅雄伟的图画，点缀其间的是街道两旁游客熙攘的酒店。

　　我沿着缓缓流动的阿斯克河前进，一边漫步一边摄影，途经布雷肯的山间小镇时看到一间不大的茶室，便决定进去稍作休整。外观宛如山间小屋的茶室由原木和天然石材堆砌而成，店里地方不大，只有四张桌子，两个中年模样的女人一个在忙着泡红茶，一个在切刚出炉的蛋糕。我觉得无论如何都应该尝尝她们的私房甜品，于是点了一块撒满糖块和糖霜的棕色胡萝卜蛋糕。意想不到的是，这块看上去扎扎实实的蛋糕，吃起来却有着戚风蛋糕一般的松软口感。"太好吃了！"我感叹着，两三口就吃掉了一整块。

吃完蛋糕，我向其中一个年龄和我差不多的女人搭话。我想向她讨教蛋糕的做法。于是，这个穿牛仔装的金发女人对我说："很遗憾，蛋糕是值早班的安做的，我每天上两小时的白班，负责烤面包。"

仔细一打听才知道，这间茶室虽然是她开的，经营模式却是职务共享，像她一样五十岁左右的女人店里一共有十个，都是住在附近的人和她的朋友。店面是她从当地的一个老人手里租下来的，据说她以承担全部的改造和装修费用为条件，只用不到一半的租金就把原本闲置的这间小屋盘了下来。之后，女人们商量好各自的分工，每个人都只在自己方便的时候来店里——比如一周三天，每天三小时——做自己的拿手好菜，或是秀一把烘焙技艺。

"孩子们不需要我照顾以后一直想找点事做。我想与其到附近的餐厅和酒店里打工，不如做一些能发挥自己专长的工作。"

此时女人正在等待面包烤熟，她告诉我，再过三十分钟店里就要满座了。

"自从一年前开了这家店，那些吃腻了酒店餐厅和酒吧菜的游客，还有好多本地人，都跑来了我这里。他们高兴地跟我说，一直盼着能出现一家店，让他们吃到熟悉的家庭料理。"

这间茶室不仅成了她与社会的连接点，还为她带来每个月5万日元左右的收入，她满足地告诉我会把这家店一直开下去。

通过减少个人的劳动时间，由多人分享一份有收入的工作，从而减少失业者的数量，这便是职务共享理念的初衷。其优势在于，较少的劳动时间不会给中老年人带来太大的身体负担，虽然薪资较低，却可以实现多人轮班劳动。

以英国的手工编织、日本的勤杂工和临时园艺为例，这类由邻里或同行发起的小规模业务并不少见。不需要投入太多资本就能靠个人的专长营业，接到了工作万一没有时间还可以转介给朋友，不但收获了社会的认可，还能跟意气相投的人聚在一起，而且还有钱赚。最重要的是，这样的工作可以做一辈子。只需要拿出一些零散的时间，发挥特长迈出新的一步，就能让钱包和生活都变得充实起来。一个只把工作中的有益部分提取出来的"铁饭碗"，这样的劳动模式存在着切合现实的梦想。

近年来，英国政府开始鼓励国民开办小型企业。而在民间，为小型企业设立的奖项以及在网络上开设的宣传窗口，也为这种商务模式博得了人气。有调查显示，尽管个体经营者已占到英国劳动人口总数的十分之一，其典型形象却还是平均年龄为三十六岁的白人男性。随着社会福利与经济相协调的"第三条道路"在英国越发难以推行，能够将个人的价值观和兴趣直接转化成工作，并且可以不受年龄限制持续工作的职务共享模式，似乎已开始成为一种理想的职业选择。

有一种夙愿叫"早晚要开一家咖啡店"

有时候，对现实生活的厌倦会让人突然冒出开一家小店的念头。咖啡店也好，杂货店、花店、旧书店也好，一家小店承载着人们对美好生活的向往。

有一次，一位长年在日本取材的英国记者和我这样说："我发现许多日本大企业里的职员，都有着'与其追求业绩为公司献身，不如拿着离职金去开一家咖啡店'的想法。不光是职场中的男人，还有整天忙着带孩子和做家务的主妇，都希望能拥有一家属于自己的杂货店或是咖啡店。可是，如果想在东京或大阪这种大城市开店，还要选在市内客流量大的地方，首先保障金[1]就很高，花光离职金恐怕也只够前期投入。相比之下，一杯咖啡的客单价太低了，根本成不了买卖。"

他说不明白为何日本人会有这种不切实际的想法。

还有一个在东京给大企业员工做英语培训的英国人也曾和我说："我发现越是在大公司里上班的日本人，越容易孤注一掷，拿

---

[1] 指在日本开店，店主需要缴纳的一种保险费用。

着离职金去开店或者创业。"

据说有一位和他相熟的万国商业机器公司（IBM）员工，某天晚上回家后突然跟妻子说："不管我怎么努力，今后工资都不可能大涨了，业务倒是越来越多。我要辞职，然后开一家店卖炸猪排！"妻子听完就慌了，赶紧盘问丈夫，这才知道他已经在车站前的优势地段选好了一间新建的铺面房，连保障金都交了。妻子大受打击，说怎么也想不到这种事会发生在自己身上。她好说歹说才让丈夫打消了开店的念头，但是据说辞职手续已经办完了。

那位英国朋友跟我说："日本人可以为公司鞠躬尽瘁，然而一旦紧绷的那根弦断了，就会朝完全相反的方向反弹。之所以会有这么多上班族像他一样急着辞职，而且脱离工薪以后开展的事业几乎都陷入了困境，是因为他们做这些原本就是为了逃避现实。"

的确，如果你了解了那些四五十岁事业有成的英国人的退休计划，以及他们退休后的生活状态，就会明白他们的"半退休"和日本人的"脱离工薪"有着极大的不同。

英国人当中也有因为受不了被公司当作齿轮、日复一日做着重复性劳动而辞职的，不过那些从事专业工作和管理工作的人，在改变人生方向时通常不会一上来就去租铺面、租教室或是印名片。他们可能会从兴趣出发去做园丁，也可能在当地的学校里传授自己的学识，总的来说，他们的行动是有内在感受作为支撑的。

另外，如果你有机会走访英国的小镇和村庄，你还能在那里遇到一些边工作边追求个人乐趣的人。

在我的印象里就有这样一位精力充沛的中年人，他于一年前辞去了医院里的事务性工作，一个人干起了勤杂工。他每天开着自己的爱车——一辆他日思夜想终于买下来的本田思域——到客户家里去务工，并打心眼里热爱自己这份工作。他住在英格兰与威尔士交界处的格洛斯特郡，他在那儿有一栋简易的联排别墅。那里离科茨沃尔德不远，订单就是从散布在那边的村子里过来的。每逢有业务上门，他就开着车，一边欣赏田园风光一边驶过这段不长的路程。

"在人生的转折点创业，一定要满足两个条件，一是压力要小，二是即使赚得不多，也要确保有钱进账。"

他认为，如果需要先借一笔钱才能开张，对没什么利润的小本经营来说绝对不是一件好事。

他的手机上不断能接到熟人打来的委托电话，其中有很多人都是跟他一起长大的。

"马桶堵了？好，这就过去。不过我只能干到四点。今天是我老婆的生日，晚一点我们要出门。"

刚刚收拾完一片被狐狸破坏的鸡窝，他又要驾驶爱车从比斯利村出发，跨过一片有羊儿吃草的山丘前往肯布尔村了。

不把退休金搭进去，不把家人拖下水，生活同样可以取得平衡，这样一来，我们就可以踏踏实实地去规划余下的人生了。

在我迄今为止走遍英国的旅途中，我曾在苏格兰人烟稀少的小岛上遇到过土生土长的伦敦人在那里执教，也曾在威尔士的山村里坐过以前在苏格兰当教师的人开的出租车。

英国人就是会像这样，以超乎我想象的方式改变着职业，从北到南，从城市到乡间，自由地迁徙。如果你在日本听说一个人"从九州搬到了北海道，又在大阪买了房子，之后在长野定居"，你一定会揣测他要么是个"干活没常性的不入流的家伙"，要么就是"事出有因"。这是因为日本人眼里的"稳定生活"，往往带有"扎根于土地"或是"坚守一种生计"的色彩。如果我们能像英国人那样大胆地改变职业，移居到陌生的城市过上焕然一新的生活，恐怕也就不会因为"梦想是过期不候的"这种理由把自己逼得无路可退了。

坦白地说，我也有一个"希望将来能开一家小店"的想法。每当我在家附近看到空着的门面房，就会兴奋地想，应该把从英国买回来的那一大堆杂货摆进去，再在角落里摆一两张桌子，从此以后就可以靠卖好吃的面包和蛋糕养活自己了。

即使是我这个自认为已经抓住了自由人生的人，也有着放不下的对开店的憧憬。可是，实际计算一下房租、采购费和人工费就会发现，如果不能达到一个较高的周转率，开店是入不敷出的，到头来不但要承担投资风险，还有可能拖累家人。

为了不让事情变成那样，我们首先要让自己精通一项技能或一种爱好，然后以低投入为前提，用网店或是将住宅改造成店铺的形式，和我们喜爱的事物产生关联。就拿我来说吧，从两年前起，我就在家附近的吉祥寺一带租了间画廊，以每年两次的频率办起了"小型英国展"。虽说只是为期一周的小买卖，但这就是与我现在的条件最相符的，能让我乐在其中的方式了。

英国人在开店的时候，比起把店开在伦敦和爱丁堡这类人口密集的大城市，更愿意选择一个自己真正喜欢的城镇或是乡村，虽然偏僻一点，但房租便宜，而且很容易跟周围的居民打成一片。不管怎样，想要在贴近生活的地方实现梦想，这一点是值得我们学习的。

放慢生活节奏，让自己在宽松的环境里发挥所长，我想，这才是经营一家小店能够带给我们的真正财富。

第3章

不受时间束缚的探索世界之旅

无人陪伴也能享受的游轮之旅

报纸上说因为原油价格上涨，燃油附加费涨到了近5万日元，导致日本的欧洲旅游市场一下子萎靡了，即使日元升值都无济于事。

"等以后从工作上退下来了，想去英国悠闲地旅行"，我接触过的很多日本中老年女性都有这样的愿望。她们在制订旅行计划时一般会避开夏季和年末年初的高峰期，然后报一个便宜的旅行团。如果介绍给她们B&B（Bed and Breakfast，把家里的空房腾出来给旅客住的民宿，带早餐）和农家民宿，她们通常都会表现出极大的兴趣，并说"一定要住一次试试"。只不过，像她们这样上了岁数还总琢磨着一个人满世界跑的行动派在人群中仍然是少数。

有数据显示，2007年境外游人数最多的国家是德国、英国和美国等欧美国家。日本虽然也有1729万人去海外旅游，但意外地仅排在世界第15位。而且说到日本人会去的地方，除了美国外，就只有韩国、泰国、中国这些行程短、价格低、距离近的路线了。别看日本是仅次于美国和中国的经济大国，在旅游这件事上却很保守。好不容易出国玩一趟，现在这个样子总觉得有点可惜。

如果你此前因为有孩子得照顾或是工作忙，即便经济上允许也始终迈不出国门，那么通过半退休将大把的时间掌握在自己手里以后，只要做足功课，其实是有很多种旅游形式可以选择的。有时候旅途中的一个意外发现，甚至会成为改变生活方式的契机。

2007 年，我有幸参加了传说中需要提前一年预约的"金银岛冒险"——一趟由环境保护组织苏格兰国家信托基金会（National Trust for Scotland）主办的，巡游苏格兰西部群岛的游轮之旅。

说到此前我对游轮之旅的想象，除了地中海的豪华游轮，就是坐着游轮环游地球。我一向认为那是有钱人的世界，与自己无关。不过，由于对苏格兰群岛怀有浓厚的兴趣，在研究能否在短时间里将这些岛屿逛遍的时候，我发现了"金银岛冒险"游轮之旅。

在这趟行程中，我将首先前往苏格兰第一大城市格拉斯哥，然后坐一小时巴士来到格里诺克港，从那里出航开始为期一周的群岛环游之旅。同样的行程，如果靠乘车和转乘渡轮来移动，至少要花费三周时间。考虑到那些岛屿和日本之间的距离，算上往返的航班也只需要十天就能逛遍，我当即索取了资料。

同行的游客中有一多半是英国人。他们前往至今仍在使用盖尔语——自史前时代就居住在不列颠岛上的凯尔特人使用的语言——的这五百个大大小小的海岛，似乎是为了寻找在南法和西班牙无法找到的祖源。大概就是因为这个吧，这个团的报名状态在出发前一年就已经是"等待取消"了。我能入团，全拜一个偶然空出来的名额所赐。

这趟游轮之旅如此受欢迎，还有另一个原因。苏格兰西面的海域波涛汹涌，还有由岛屿和复杂的海湾组成的天然屏障，这使得航行在英国多佛与法国加来之间的大型客船无法靠近。若换乘小船绕行，大浪行船的激烈摇晃又会使乘客饱受晕船之苦，而无暇享受游船旅行。所以，大小适中的船只就变得非常抢手。

不管怎样，乘船旅行在欧美就像乘坐火车和飞机一样，是人们最普遍的出游方式之一。

此行的目的地全部位于英国境内，但如果是周游巴尔干三国或是环游世界，需要一次游览多个国家时，游船旅行的优势就凸显出来了：所有的入境手续都可以交给乘务员代办。如果每次过安检都要检查行李，把兜里的零钱掏出来，甚至脱鞋，势必会给本来就很消耗人的海外旅行增加不少额外的负担。

游船旅行的另一个好处是可以趁着夜间入睡的工夫航行到下一个岛屿，在对时间的利用上会更有效率。而且即使需要坐一个月的船也不用换房间，行李只要搬上船了就不用再挪动，不会像住酒店那样每到一个地方都要重新办理入住，拖着行李跑来跑去。

如今，游船旅行在日本，特别是团块世代[1]中间广受赞誉，原因大概就在于此吧。既能节省时间，又能节约体力，体验过游船旅行的中老年人都高兴地说，"坐船的话自己还能出国玩十年"。

游船旅行还有一个划算的地方，就是可以降低路途中的开销。比如坐飞机出游时会在途中产生的车费和渡船费，游船旅行基本上都能省下。

早在这次游船旅行的几年前，我曾去过一次苏格兰群岛。当时我开着租来的车，利用渡船在岛屿间移动，住的是预订的 B&B，算上吃饭的钱和油钱，平均下来每天要花小 4 万日元。岛上的居民都是教徒，时至今日，每逢礼拜天，岛上的餐饮甚至交通几乎都会停摆。除此以外，我还遇到过为了坐渡船等待半日、渡船晚点等各种各样的状况，有时候因为这些状况，我在一个岛上只能停留几小时。

收到苏格兰国家信托基金会寄来的宣传手册后，第一眼看到近 20 万日元的价格时，我在心里是喊贵的，不过按乘船天数平均下来，每天大约是 2.8 万日元。这个价格里包含了在岛屿间移动的交通费、早中晚三顿正餐外加下午茶和夜宵的餐饮费、住宿费、各种讲座和音乐会的费用，以及游泳池、健身房、图书馆等设施

---

[1] 指日本在 1947 年到 1949 年之间出生的一代人。他们被看作是 20 世纪 60 年代中期推动日本经济腾飞的主力。

的使用费，这样想来还是挺划算的。船上还设有医务室，会有一位可以免费乘船的志愿者医生在那里待命。

真正需要我自己用心准备的，只有服装。毕竟要坐游轮，怎么也得为晚宴和派对准备一套黑色连衣裙和罩衫，外加与之搭配的首饰和高跟鞋。泳装也得带一套，坐在泳池旁边的时候用得上。因为不知道会在船上碰到什么人，我把衣柜里那些不会起褶又能显贵气的涤纶上衣全都搜罗了出来。

结果等到登船那天，当我意识到其他游客的穿着和我想象中的完全对不上时，心里别提有多泄气了。

陆陆续续登船的英国人身上穿的，是羊毛衫、防风衣和牛仔服。因为出航前安排了避难训练和说明会，我以为之后他们会换一身衣服出来，没想到他们还是那个样，要么拿着看到一半的书往甲板上一坐，要么在休息室里边喝红茶边写信，那种感觉，跟我在欧洲的露营地里见过的欧美人没有两样。吹着怡人的海风，放松下来做自己喜欢的事，那是在日本人身上看不到的旅居式的旅行方式。

不多时，游轮离开了苏格兰的海岸线，平稳地向冰冷的海洋驶去。

作为船上唯一的亚洲人，我使劲研究着发放到客房里的每日活动手册，小心确认着晚饭几点开始，什么时候换衣服比较好，船上的游泳池、桑拿房和健身房都在什么位置，一如既往地被着装和时间表拿捏得死死的，没有一刻能定下心来。

而那些英国女人，大概是习惯了游船旅行吧，会在晚餐会和舞会开始前不久回房间淋浴，然后去预约好的船上沙龙花大约1000日元迅速做个头发。一位来自利物浦的美发师告诉我，欧美女人在游船旅行期间通常都是白天尽情活动，晚饭前再找个发廊把头发做好，所以她们不怕外出走动，也不介意会弄乱头发。这便是在游船旅行中习得的智慧吧。

第一天的晚餐结束后，那些结伴而来的夫妻和男游客陆续离开了休息室，只剩上了年纪的女游客还在闲聊。其中大部分是一个人入团的。就像前面写到的，游船旅行不论是在航行中还是在靠港时都能为游客减轻不少负担，所以即便是老年人也能独自出游。

她们当中有个来自都柏林的八十多岁的老妇人，这已经是她第三次参加游船旅行了。她走起路来慢悠悠的，一根拐杖搭在她坐的椅子旁边。若是在日本，她绝对够得上需要陪护的标准了。这样一个连路都走不好的老人，为何要独自参加游船旅行呢？换作是日本人，一想到会给别人添麻烦，没人陪同的话就算想去也不会去的。我问她，她是这样跟我说的：

"我每年都要坐这趟船，为的是能登上圣基尔达岛。那个岛上没有港口，赶上风大浪大的时候，游轮放不出小船，靠不过去。此前两回都是因为白浪滔天，上不了岸。今年是我第三次挑战了，希望能有个好天气吧。"

　　她笑着拿出一本封面已经磨得破破烂烂的圣基尔达岛影集，说她已经翻来覆去看过好多遍了。由四个小岛组成的圣基尔达岛，可以说是此次游船旅行中最值得一看的景点。那里拥有世界上屈指可数的海鸟栖息地，无数鲣鸟和暴风鹱仿佛科幻电影中呈现的那样在空中翱翔。由于生息在岛上的野山羊至今仍保留着青铜时代的特征，圣基尔达岛现已被评选为世界遗产，处于苏格兰国家信托基金会的严格管理之下。

　　若想登上圣基尔达岛，报名参加苏格兰国家信托基金会的游船旅行是唯一途径。这位长年独居、从事教师工作的老妇人，一直梦想着有朝一日能来到圣基尔达岛，即使腿脚不灵便了，仍然对每年出航一次的这趟游船旅行翘首以盼。我觉得我特别能理解她的心情。

　　日本曾有过一项调查，问"你最想和谁一起旅行"。刊登在报纸上的调查结果显示，日本男性大多会选择和妻子一起出游，女性则会选择同女性朋友一起出游。看来个人行对日本人来说门槛还是有点太高了。我常想，人生的后半程一定要为自己找三两个固定的旅伴。但同时我也会想，如果不能慢慢适应独自出行的话，总有一天我会哪里也去不了的。

　　身穿手工粗织坎肩、向往圣基尔达岛的老妇人从铁皮罐子里取出一块碎了角的奶油松饼递给我，那罐子据说从她新婚时起就是用来装她最喜欢的福南梅森红茶的。听她这样说着，我仿佛看到了一个对游船旅行满怀期待，满心欢喜地从烤箱里取出刚刚烤好的奶油松饼的幸福身影。她身上的每个细节，都在诉说着一个坚持活出自我，独自享受着生活点滴的女人的坚强。

有钱买礼服不如拿来买雨衣的智慧

研究了一下才知道，原来苏格兰国家信托基金会每天都为游客准备了近二十种一日游项目，这些项目被分成五个阶梯，分别对应从"步行困难"到"健康"的不同人群的需求。不只"金银岛冒险"，几乎所有的欧美游轮旅行团都会附带二三十种一日往返的旅游项目——这是他们的惯例，他们就是靠这些令人心动的小活动来招揽游客的。

我们团的压轴项目，是在南尤伊斯特岛上展开的 16 千米徒步之旅：参加者将跟随被称为"ranger"[1]的向导，步行八小时穿越岛上自然保护区内的山脊和溪谷。就是这样一个早出晚归除了走路还是走路的活动，人气高到超乎想象，想报名还不一定有空位。

狭长的外赫布里底群岛南北相连，我们途经与本岛交通最为便利的路易斯岛，依次驶过哈里斯岛、北尤伊斯特岛、本贝丘拉

---

[1] 世界自然基金会用"ranger"一词指代参与保护和管理国家公园和自然区域的专业人员。

岛，越往南去越是人迹稀少。抵达南尤伊斯特岛时，我顺着崎岖的海岸线抬头望去，映入眼帘的是犹如刀削般险峻的悬崖。不过，南尤伊斯特岛在被称为"西部群岛"（Western Isles）的众多岛屿中有着延绵的白色沙滩和宛如海蓝宝石一般惊艳的广阔大海，自从我在照片上见到了那里的美，便梦想着有朝一日能去那里看看。

然而，随着豆大的雨点拍打在甲板上，我们在南尤伊斯特岛的早晨赶上了最坏的天气。我想这下徒步旅行是肯定去不成了，便去考虑别的项目，谁知广播里竟传出了"活动照常"的通知，我赶紧朝集合地点跑去。

要在这么恶劣的天气里走上一整天，简直和部队拉练没有两样，能来的一定都是猛人吧！我心想。可等我上了小船，见到同行的那二十个人的时候，心里却是一万个没想到。

参加者里有一大半竟然是白发苍苍的老人。

更让我没想到的是，这些人在游轮上明明穿的是旧夹克和从大卖场、玛莎百货买回来的平价连衣裙，可等到要徒步的时候，每个人都换上了一整套专业装备：价格不菲的戈尔特斯材质的外套、霍金斯（Hawkins）的徒步鞋、凯瑞摩（Karrimor）的背囊。没有把钱花在穿给人看的夹克和晚礼服上，而是不惜花重金专门为"走路"这件事买一套能穿一辈子的装备，原来人们对生活的感觉竟可以如此不同。

比起礼服更愿意购买高品质的雨衣。

从他们的着装中我看到的是这样一种不一样的用钱之道和人生追求。

我抱着观光的态度入了团，甚至一路跟到了这座岛上，可我心里在意的是晚宴上穿什么礼服，下雨时身上披的是百元商店里的塑料布雨衣。同行的人见我这副样子，打趣说："你在日本应该没有正经走过路吧。"

在盖尔语中，"盖尔"是强风的意思。由于这一带的强风连雨伞都能刮跑，带兜帽的防水雨衣在当地人看来是必需品。就连岛上贩卖的旅游手册上也有强调"降雨会使体温下降"，并建议游客一定要穿带兜帽的完全防水雨衣。

值得一提的是，英国知名品牌博柏利（Burberry）和雅格狮丹（Aquascutum），原本就是靠做雨衣起家的。

博柏利的创人托马斯·博柏利于1856年开始经营一家布料店，他从一位相识的医生那里听说"完美的防水不仅是防风防雨，还要做到透气"，于是开发出了"华达呢"（gabardine）这种防水性能优异的布料。这种材料日后被英国陆海军正式采用，制成了军人标配的战壕大衣。

同一时期，以拉丁语中的"水"（aqua）和"盾"（scutum）命名的雅格狮丹也推出了自己的防水加工雨衣。该款雨衣作为维多利亚时期最高端的时尚服饰，很快便在英国绅士之间普及开来。

可见，为了能在阴雨连绵的英国不看老天的眼色享受乡间生活，一件完美雨衣的重要性自古以来就胜过一条礼服裙。

小船停靠在了南尤伊斯特岛洛赫博伊斯代尔港的渡船码头。上岸后，我们坐上已经在那里等候的小型巴士，向岛的中心地带进发。一路上，我眺望着烟雨缭绕的高耸岩山，心想不知要翻越多少这样的山脊才能抵达岛的另一头，不禁对这次的计划充满不安。

果不其然，活动开始还不到三十分钟，我们就爬起了陡坡。"这景色简直太棒了，我就是为了能亲自来这里走一趟，才志愿当 ranger 的。"曾在大学里担任地质老师的中年男子沉浸在喜悦之中，他捋了捋被雨水打湿的额前碎发，不顾跟在他身后的老人们，大踏步地向前走去。

能为你负责的只有你自己。

置身于未经人类改造的大自然中，你想在岩石后面或灌木丛里解手也好，队伍里有上了年纪的老太太跌进沼泽也好，能够互相关照的只有身边的同行人。一想到要冒着大雨在这无遮无挡的荒野里走到傍晚，我真心觉得这场旅行是在玩命。心中升起的胆怯情绪让我停下了脚步，我怀着祝福的心情目送着其他人一点点消失在岩山的彼端。

午饭时间只有不到十分钟。我们被雨水拍打着，在散布着遗迹的山谷里打开了船上发放的午餐包，将煮鸡蛋、苹果和三明治大口塞进嘴里，然后连好好休息一下都没来得及就又上路了。

我走在没有道路的荒野里，眼前是赫布里底群岛梦幻般的海岸线，天空、大海和海岛的影子从乳白色的烟气里冒出来，迎面闯进我的视野。这大概就是踏入人迹未至的世界的感觉吧。

"我看见一只红鹿从寂静的原野上跑过去了。人类一定是这里的不速之客。"

一天的行程结束时，一行人满身泥土，乘兴而归。

我有点担心那个跌倒在沼泽里的老太太。"你还好吧，没受凉吧？"

她笑着说："我有这身结实的雨衣呢，雨下得再大也不要紧。你也买一身这种一辈子都穿不坏的雨衣和靴子吧，咱们来年再一起去岛上走走，那个岛实在太好了。"

她握着我的那双布满皱纹的手像冰一样凉，她的脸上却泛着玫瑰般的红晕。

刚上船时，我担心我这个日本人没办法和这些上了年纪的英国人一起玩好、相处好，但是对原始的西部群岛的共同热爱，让年龄和国籍的差异在不知不觉间消失不见了。

我在这趟旅行中的另一个发现是，英国人从不拍照。他们会用双筒望远镜取代照相机，在航行期间待在甲板上，一边眺望远方的岛影和海鸟一边感叹，一待就是一整天。此前出国旅游时，我也从没有遇到过被游客叫住要求帮忙拍照的情况。与其把感动留在照片里，不如去认真体会眼前的瞬间，英国人对待旅游的这种心态，也许恰好印证了旅游就是他们生活的一部分吧。

另外，我在船上也不曾见过有人因推杯换盏而大吵大闹，失了分寸。虽说团体旅游少不了喝酒，但是每当看到有人一边喝咖啡或红茶一边找情投意合的乘客交换感悟，或是独自在船上的阅览室里摊开地图，沉浸在关于岛屿的历史书籍之中，我便觉得自己被赋予了一种超越想象的旅行的可能性。

说到游船旅行，我们的第一反应总是上流社交和尊贵的享受，想象力贫瘠如我，脑海里只有在泳池旁的躺椅上喝鸡尾酒晒日光浴的画面。然而英国人即使上了年纪也能以始终不变的步调独自享受游船旅行的样子，让我清晰地看到了自己曾试图在心中描绘的人生后半程的方向。

与其等着别人替自己料理好一切，然后端到眼前，不如一切从兴趣出发，主动去抓住属于自己的快乐。如果能有更多的日本人意识到旅行理应如此，我们的后半生一定会变得更加丰富多彩吧。

走进欧美人气极高的研学旅行

我在英国和日本之间来来回回跑了三十多年，常有人跟我说："你还真是跑不够呢！"

每当这种时候，我只能无奈地说："我那是为了在英国做定点观测。"不过说实话，对于英国的某些城市，我确实有种"看得太多，已经够了"的感觉。

比如说，要不是因为我从事的是写书和杂志编辑的工作，我这个不习惯大城市的人或许是不会频繁往伦敦跑的——如今的伦敦已经变得和东京越来越像了。我去伦敦，是为了就住房、穿衣、政治这些日本人关心的话题询问英国人的看法，听听他们是怎么说的。因为能从这个过程中体会到学习的乐趣，首都伦敦对我来说才有着无穷的魅力。

过了三十五岁以后，不论去哪个国家，我都会用磁带或是笔记本把导游的讲解一五一十地记录下来。据说有的人上学时不爱学习，人到中年却突然想学习了，甚至去重读了大学，我感觉我也有点那个意思。

《日本流通新闻》的一项调查显示，目前正在学习英语、厨艺和陶艺的人，大部分是六十多岁的男性，数量超过了被喻为"修身养性的一代"的二三十岁的年轻人。另一方面，年收入超过1000万日元的高收入人群，相比"买东西"这种物质消费，似乎更愿意把钱花在旅游和观剧这些能丰富体验、增长见闻的事情上。而据我观察，那些会去买课和听讲座的人，不论男女也都是以中老年人居多。这些现象在本质上应该是相通的。

说到以满足求知欲为目的的旅游项目，"研学旅行"在欧美的人气可谓经久不衰。

此前我就曾乘大巴车从伦敦出发，参加了一场由一家英国旅行社主办的，名为"探寻《呼啸山庄》的文学史"的三日游活动。活动的卖点是会邀请大学教授、文学家、编辑和乡村歌手，在酒店的宴会厅和庭院里举办讲座和演唱会，每天两场，中间夹着晚餐。那三天里所有我感兴趣的讲座我都去了，每次都是人满为患，开场前三十分钟，最前排的座位就已经被准备记笔记的人占满了。

讲座的主题包括"《呼啸山庄》的世界观""作家艾米莉·勃朗特的足迹""维多利亚时代的追想曲"等。当时我正在写一本与此题材有关的书，所以每当遇到听不懂的英语，我都会被自己有限的语言能力急得直跺脚。由于讲座里包含了大量的专业知识，听一次讲座的收获相当于有人替你查阅了古籍。

然而在活动中最令我感到惊讶的，是到场的中老年人的参与积极性。讲座结束后，所有人都争先恐后地围在讲师面前，你一言我一语地提着问题，会场里瞬间像开了锅一样。

有个曾是药剂师的男人，针对艾米莉·勃朗特生活过的霍沃斯的底层社会提出了一连串问题，于是讲师对他说：

"你提出的问题很有意思，不如我们边吃午饭边聊吧。"

"太好了，我还有好多问题想问您呢！"

文化人可以放下架子毫不吝惜地传授知识，和普通人一起交换意见，这样的旅行体验着实令人感动。入团费按照当时的汇率只有4万日元，跟大多数国内游和文化讲座比起来并不算贵。

这种在欧美很有市场的研学旅行，最早是由美国人发起的，之后在各大教育财团和大学的推动下衍生出了非常多的种类，如今已被推广到了全世界。

据说某日本外资旅行社的社长在埃及旅游时常听导游这样说：

"给日本人当导游太轻松了，即使是去王陵参观，也只是拍个照就回去了。换成英国人、法国人、德国人，肯定会冒出一大堆专业问题，我们要是不把历史和民族史挨个学一遍，根本招架不住。"

"这是什么？""为什么会这样？"那种不放过每个细节、对任何事情都想刨根问底的好奇心，日本人是比不了的。

其实在20世纪60年代以前，英国人说起旅游来也无外乎是去地中海地区或西班牙度假。因为厌倦了这种模式，人们开始把目光转向不一样的旅游形式，其中具代表性的就是研学旅行。从深度研究海鸟和鲸类的生存状态的野性之旅，到和专家一同巡游历史遗迹的考古之旅，旅行社策划了许多面向四十岁以上半退休人士和老年人的旅游项目。

相对于研学旅行来说处在另一个极端的，大概就是一头扎进豪华酒店的赌场，或是在枪械射击上过把瘾的这类花钱买刺激的旅游吧。如果旅游就是靠砸钱获得远离日常的一瞬间的快感，那这种体验和纵欲相比又有什么区别呢，最终留下的也只有淡淡的空虚罢了。

从希思罗机场返回日本时，我碰巧和几个计划去四国八十八所巡礼[1]的英国人搭乘同一班飞机。六个中年人，有男有女，经熟人介绍认识了高知县一所寺院的住持，又从住持那里听说了巡礼的事，于是摩拳擦掌准备巡游一番。他们每个人都带着睡袋，打算就在佛堂的角落里投宿，据说这样能省不少旅费。我询问了他们的职业，他们有的在学校当老师，有的是福利局的职员，都是些普通的劳动者。

其中一个人是这样跟我说的："如果把旅行当成一种很费钱的娱乐，那一个人只有靠不停地工作才能维持旅行的开销。但如果觉得旅行就是去陌生的城市交朋友，就是去听听专家的讲座，收

---

[1] 四国八十八所是对日本四国岛境内八十八处与弘法大师有渊源的寺院的合称，这也是日本最有名的巡拜路线。

获一些新的见解，那其实花不了几个钱，任何人在一生中都能随时启程。"

我和这个来自爱丁堡的女人聊了一会儿，得知她为了这次旅行还学习了一点日语。但更大的收获是，她让我认识到研学旅行也是可以自主筹划的。

学习与旅行之间向来有着密不可分的关系。相比与高级、奢华这类字眼还有顶级美食为伴，在旅途中散尽钱财，在体验中学习才是旅行的精髓所在，也只有这样的经历才能在我们心中播下无数收获的种子。

靠"过穷日子"环游世界的英国精英

写了几本关于英国人的俭朴生活的书以后，一段时间里我陷入了沉思。坚持过朴素、节俭的生活，意味着东西都要爱惜着用，用坏了就修理一下，衣服和包这类服饰用品也不再去店里买，而是把别人用旧的东西拿过来接着用。这样一来，衣服、家具、餐具、首饰、家电等在世界范围内流通的商品应该就卖不出去了才对。

如果全世界的人都铁了心地要跳出"丢掉再买"的消费循环，只靠现有的东西过日子，事情会变成什么样呢？家具还是祖母留下来的，衣服、鞋子，乃至汽车都可以十年甚至二十年不换，在还能用的时候基本不考虑花钱，那么恐怕大部分的制造商和零售商都得倒闭吧。

购物中心和大型商场将变成有人看没有人买的展厅。生产商品的制造业，促进销售的广告业，以及支撑起广告业的电视、报纸、杂志等媒体，都会像多米诺骨牌一样倒塌。东西卖不出去了，没有人购物了，由此造成的社会性损失不可估量。然而，正是这些一向认可俭朴生活的英国人，通过吸引全世界的企业和人才入驻英国，真正做到了用"生产与大量消费"以外的方法，在短短十年里就让自己从"英国病"里走了出来，实现了经济的复苏。

大约在2000年前后——那时我刚过四十岁——英国的经济开始回暖，伦敦的中心区呈现出了不同于东京与纽约的浓重商业色彩。在其带动下，追求酷炫的年轻人不再钟情于传统的酒馆（pub），而是纷纷涌入了新式的红酒吧（wine bar）。有人预言像牧羊人派这样的英国传统菜肴将在十年后灭绝，近年的报纸上也开始频繁报道英国人生活方式的变迁。不过，如果你走进一户主人年龄六七十岁的中产家庭，便会发现这些还在用一杯红茶和从超市买回来的饼干招待客人的英国老人，仍然过着和从前一样的俭朴生活。

在今天，当你来到位于英国最北端的苏格兰高地，仍然能碰见这样的妇女：她们一边聊着天，一边把从旧毛衣上拆下来的毛线织成披肩和地毯。这些当了一辈子职业主妇的女人非常擅长做手工活，若你看到她们穿着用"电烙铁"熨烫平整的上衣，夸她们的衣服合身，她们就会骄傲地告诉你：

"这是度蜜月时在意大利买的。"

"这是十年前老公送给我的圣诞礼物。"

再仔细一瞧，那件布满岁月痕迹的好衣裳是用如今已不常见的手工刺绣和古董扣子精心修补过的，穿在主人身上显得格外优雅，于是你不禁发出钦佩的感叹。

当地人会在自己家里招待客人，吃饭就是喝汤和吃三明治。翻修房屋也是靠家里的男人发挥木工本领，从改装厨房到刷油漆，全部自己动手解决。

像这样，衣、食、住全靠自己打理的话，应该能省下不少冤枉钱，这部分钱最后用在了什么地方呢？就像我在前文中写到的，英国人没有我们那种爱存钱的习惯，而随着年龄的增长，他们又会过上越来越朴素的生活。那么，钱都花到哪里去了呢？

我问过许多英国人这个问题，大部分人都干脆地给了我同一个答案："当然是去度假了。旅行也好，看舞台剧也好，英国人的钱都拿来享受生活了。"

广义上的文化、艺术，以及各种体验——英国人会把钱花在这些看不见摸不着的东西上面，并甘愿为此支付高额的税金。

正因为如此，在伦敦和曼彻斯特等大都市以外的地方城镇，同样可以看到剧场、私人美术馆和博物馆，人们可以免费或只花极少的钱参加艺术节，欣赏高质量的音乐会和戏剧。在英国，文化和艺术之所以没有像在日本那样成为都市人的特权，正是因为那边的乡下人也更愿意把钱花在娱乐而并非物质上。英国人消费的方向和力度都是不一样的。

日本如今也在经历从消费型社会向成熟社会的转变。一个能够理解文化和艺术的社会，是具有深厚底蕴的，而这种底蕴最终会以旅游业的形式集中体现出来。

人生走进下半场，我们需要的并不是花钱如流水的奢华旅行，而是能够为平淡的日常注入活力的旅行。日本的旅游产业若能得到复苏，那么从街道建设到传统工艺乃至历史文化，各个领域应该都能够孕育出诸多可能性。

英国人平时过着尽量节俭的生活，然后用攒下来的钱去度假。国际观光机构 2006 年的调查显示，英国人平均每人每年在旅游上的花销约为 10.2 万日元。英国人为了度假可以"过穷日子"，哪怕外出旅游也不随便购物，吃饭住宿仍然管好钱包。也正因为如此，他们在一年当中可以出游好几次，即使收入普通也能实现长期的海外旅行。

我认识一个旅日多年的英国人，他毕业自牛津大学文学系，和我算是同一代人。他曾在伦敦《泰晤士报》的子公司工作了十年，四十三岁时半退休来到了日本。此后，他在东京一家中坚企业里谋得了一个翻译的职位。他生长在一个双亲都是律师的富裕家庭，相貌端庄，性格温厚，以他的条件，哪怕待在英国肯定也是优质岗位随便挑选，可他偏偏满足于在日本做翻译工作，我时常对此感到不解。

他为了进入世界顶尖的牛津大学，初高中读的全是寄宿学校，直到走出大学校门为止，没有一天不是面对书桌度过的。我真心觉得，他单纯做一个翻译是屈才了。

不过据他说，牛津的同学里有许多人和他一样。这些人现在生活在香港、泰国和非洲，一边教英语一边旅游，似乎就想永远当个背包客。不论是否出身名校，也不论到了多大年纪，英国人总能打心底里爱上一种不受形式束缚的背包客式的人生。让我深刻认识到这一点的，是在一次偶然的机会下，我和他一起去伊豆旅行的时候。

首先"痛"到我的是路费。朋友为了省下坐轻轨去爪木崎[1]的钱，决定赶在一位美国熟人去伊豆那天搭对方的便车。我心想，爪木崎离下田那么近，从新宿坐舞子号列车直达下田多方便啊！虽然有点不情愿，我还是配合了他的安排。

谁知，车才开到须崎半岛的中段，我们就被要求下了车，剩下那半段前往半岛尖端的路，我们得背着行囊自己走。尽管已经九月份了，强烈的阳光还是把我裸露的肩膀烤得火辣辣的，我一边赶路一边用怨恨的眼神目送着每一辆从我身边驶过的汽车。

终于来到了有热带鱼嬉戏的美丽入海口，朋友说想钓鱼，于是拿出了据说是跟他朋友借来的钓竿，在岩滩上垂钓起来。不过他一看就不会钓鱼，摆弄了几小时，也就钓上来一条沙丁鱼的幼苗。

当晚，朋友在一片被岩石环绕的海滩上找到一处露营者的集结地，并决定在那里扎营。不用说，他的帐篷也是借来的——他

---

[1] 位于日本须崎半岛的风景名胜区。

有个喜欢露营的同事。假如他只有二十几岁也就算了，过了四十岁还能坚持穷游，节俭型英国人的活力我这回算是领教了。

他说他此前去京都和九州的时候，都是背着背囊坐夜间巴士去的，为的就是能节省住宿费。到达目的地以后，再想去哪里的话就搭便车，随时随地，说走就走。

看着他熟练地在沙地上打桩，三两下就支起了单人帐篷，我不由问他："你是牛津毕业的，难道不应该算精英吗？"

可能是没领会我的意思吧，他被问住了，想了一会儿才说："在英国，如果你不能精通古典学和神学，是成不了精英的。但是像拉丁语这种学科，属于比较特殊的专业，就业方向很窄。而且想成为专业学者的人，原本也只有那一小撮。都说在伦敦随便丢一块石头就能砸到一个牛津毕业生，不可能因为从牛津毕业就被另眼相看。我的同学里有当老师的，也有的就在出版社里工作。"

结果我只得到了这么一个有点跑偏的回答。

我们围坐在篝火前，大口吃着自带的饭团，用便宜的红酒干杯，谈论着上帝的存在和宇宙的奥秘，以及各自喜欢的作家。我们聊了很多很多。

他眺望着漆黑海面上浮动的渔火，表示这一天的伊豆之旅让他感到非常满足，并说这里很像他父亲的故乡——面向北海的苏格兰的维克。他还说，在日本的生活本身就是一场旅行。

大概对这个计划用未来两年尽情体验日本，然后用赚来的钱前往中国、缅甸、尼泊尔、印度等亚洲各国，并最终在五十岁时返回英国的男人来说，在海边帐篷里畅谈到天亮的伊豆之夜，不过是他漫长旅途中如星辰一般的经历吧。

据《卫报》报道，由于近年来经济持续低迷，生活成本急剧上升，即使在过去四十年里始终呈增长态势的英国海外游人数，在 2009 年也出现了负增长，旅游总人次较之前一年的 5.85 亿减少了 15%。而在日本，年轻人同样在以极快的速度舍弃海外旅行。日本法务省的"出入境管理统计"显示，2011 年，二十至三十岁的海外旅游者数量已从 1997 年的 463 万下降至 280 万，在短短十五年里就骤降了约 40%。曾经那个年轻人哪怕是穷游也要飞往海外的时代，难道要就此落幕了吗？

曾一起露营的那位英国朋友，二十多岁时就为自己定下了横跨亚洲的目标。为了能在四十多岁时离开英国，他从来不在衣服和汽车上花钱，而且从牛津毕业后，他仍然会在工作之余学习日语和中文，为这次漫长的旅行做好准备。

说到他在成功半退休后的几年里在旅途中花掉的钱，除了机票钱和在东京租房时支付的押金和礼金外，就只有每个月的房租了。就跟那天一样，在日本的这些年里他一边工作一边反复践行着英国式的穷游，并且一有机会就去观看歌舞伎和能剧[1]。

---

[1] 日本的一种传统戏剧。

人生进入中场以后，钱要细细地花，赚钱则只是为了补充那些花掉的部分。当朴素的生活成了习惯，任何人都能实现一场波澜壮阔的旅行。

比留学更深入，让我体会到何为回馈社会的旅行

将要迈过四十岁那几年，我总觉得自己已经严重偏离了我本该去走的路。虽说事业已经走上轨道，也存了些钱，但是我会想，只有自己得到满足，这样可以吗？自己真的有把所有的力量都使出来吗？我被负罪感折磨着。

特别是当我走出国门，去了英国和其他国家以后，这种感觉变得愈发强烈了。我会感到愧疚，并非因为日本人在面对饥饿、贫困等问题时不如欧美人积极，而是因为这些问题明明只要花一点时间、花一点钱就有可能得到解决，自己却什么也没有做——因为我发觉我运用生命的方式实在是太低效了。

在英国，官（政客）、民（企业）、公（普通公民）之间构成了一种三位一体的协作关系，通过为社会做出贡献来填补福利上的空缺。市民和福利之间不是"一个负责要""一个负责给"的完全托管关系，市民不但能积极参与公益活动，还拥有向政府谏言的权利。

英国政府 2009 年发布的数据显示，有 74% 的英国成年人正

在从事着某项志愿服务。这里首先要说一说英国的年轻人。高中毕业后，年轻人们在进入大学之前会取得一年的假期，并利用这段时间前往海外从事志愿服务，不光是普通大学生，皇室成员也必须在间隔年（gap year）里努力拓宽自己的视野。威廉王子就曾在进入大学之前前往南美的秘鲁，除了帮助当地人创办学校外，还教当地的孩子们英语甚至打扫厕所，这在当时算是一条国际要闻了。

在英国，越是像公学[1]这样的贵族学校，越会加强学生们从事志愿服务的力度。由于这关系到社会对一个人的评价，在校期间曾于何时何地参与过何种公益活动，日后将被悉数写进毕业生的求职简历。

而在英国的企业里，当员工距离退休还有一年时，便可以参加企业内组织的"学习如何成为一名志愿者"的培训。虽说培训是自愿参加的，甚至有点"爱来不来"的意思，但是不难看出企业希望每一名员工在退休后都能实现从工作者向志愿者平稳过渡的用心。不管是老年人还是年轻人，互不相识的人们因志愿者的身份走到一起，去各种地方做义务劳动，英国人大概就是从这种体验中获得了超强的适应环境变化的能力，以至于可以毫不费力地融入田园生活或是在海外的生活吧。

---

[1] 一种自费独立学校，是英国精英教育的象征。

为了能让日本人也体验一把真正的公益劳动，一些日本的旅行社策划了去英国慰问当地的敬老院，或是为独居老人派送午餐的旅游项目，并悄然在以团块世代为中心的游客中掀起了一股热潮。

　　说起来，我也曾在偶然的机会下，在一次旅行中体验了一把在英国做义工的感觉。

　　记得当时我投宿在约克郡的一所B&B民宿里，房东问我要不要做义工："如果没什么特别的安排，能帮我一天忙吗？"起因是一些职业舞台演员决定在圣诞节那天为在交通事故中成为孤儿的孩子们献上一场《圣诞颂歌》。房东所说的帮忙，正是为演出筹集资金的义卖活动。

　　就这样，我坐着房东的车来到了作为义卖会场的教堂，混在当地的志愿者里卖起了手工圣诞贺卡、圣诞老人玩偶和家常百果馅饼。起初我还担心自己做不好，结果一大早就有大量的顾客涌进来，使得烘焙点心卖得飞快。

　　透过会场所在的教堂的玻璃，能看到参加"慈善步行"的孩子们，他们背上插着天使羽毛，围着教堂一圈一圈地走着，每走十圈，村民们就会捐出善款以鼓励孩子们的善举。十二月的英国北部寒风呼啸，没有戴耳罩的脸颊和耳垂被吹得像刀割一样痛。但是化身天使的孩子们不会因此退缩，他们在寒风中依旧发出欢声笑语，不停地绕着圈圈。

即将在圣诞节上演的舞台剧《圣诞颂歌》中，常年压榨穷苦百姓的吝啬鬼斯克鲁奇，最终也是通过给予让邻居得到了幸福。就像狄更斯在小说中描写的那样，演员们将献出自己的圣诞节，为了给孩子们一个大大的梦想。我混在为演出筹集资金的村民中，也贡献了自己的一份力量。倾听着北风敲打教堂窗户发出的声音，我仿佛听到了孩子们观看演出时明快的喝彩声。

虽说参加义卖并非我的初衷（原本打算在酒店里好好放松来着），但既然接下了这份工作，我就有义务把销售额搞上去。我就地取材，把圣诞贺卡打包，以"三英镑三张"的价格出售给当地人和游客。手头的罐子里最终能攒下多少硬币？这是一场跟自己的较量。

在隔壁摆摊的是一位卖手工蜡烛的大婶，她一边说着不管最后剩下多少自己都会包圆，一边又时不时地瞄一眼我这边的销路，在暗中较劲。谁知在义卖会结束后，她真的用提货的大袋子装了好几根蜡烛塞到我手里。看着这位耿直的大婶，我不禁感慨英国人对待这类慈善活动真的就像在过日子一样。

日本人往往一听到慈善这个名头就觉得难办死了，其实只要把它想成我们习以为常的"给托儿所筹钱"和"跳蚤市场"，就不会觉得那么棘手了。

那天，我站在这群想向他人伸出援手的劳动者当中，想了很多。说到底，我能回馈给社会的究竟是什么呢？我摄影和写文章还算在行。我拥有超过二十年的企业管理经验。也许我可以帮助那些想在出版界里闯出一番事业的人。在以往的旅途中不曾想过的计划一个接一个地掠过脑海，我想，这全要归功于我和这些村民——这些为了给在交通事故中成为孤儿的孩子们献上一场精彩演出而拧成一股的村民——度过的一天。

英国乡间的天色渐渐暗了下来。不管怎么说，我也算参加了一场义卖活动，在那座宛如老旧明信片一般静静伫立的教堂里。我在旅途中做了一点对社会有益的事。今后，哪怕只是出于兴趣，我也要更多地去体验这样的旅行。我想在这个过程中，我一定能够找到更多我所不知道的使用生命的方式。

第4章

让人后顾无忧的家当整理术

大胆把正装当便装穿的智慧

现在回想起二十多岁没钱买衣服的时候，我的衣柜里只有一套"穿得出去的衣服"。那是我母亲上学习班学会裁缝后给我做的一套粉色条绒的短裙和坎肩，以及一件连帽罩衫。二十多年前的冬天比现在更冷，从入秋一直到第二年开春，不管因为什么事要出门，我都只有这一身好衣服。

不过，过了三十岁以后，我的经济状况开始在泡沫经济的推动下走上坡路，我在人前露脸的机会也变多了。参加聚会、出席婚礼、上电视，为了让自己在各种场合都能美丽得体，我开始买更多的衣服。

有时就算没有特别的活动，忙了一天下班路过车站前的商场，我也会买件衣服犒劳自己，做好迎战新一天的准备。

可是，这样买回来的衣服最后要怎么处理呢？

我认识的一位四十多岁的照明设计师，一年前辞职后开始在切斯特的家里办公。令我惊讶的是，她明明没有在衣服上花什么钱，每次见面却都穿得特别优雅。看她穿着剪裁超好的防风大衣、夹克、连衣裙和长裤，我觉得她和我这个拼了命想把牛仔布穿出花儿的人似乎在哪里有着本质的不同。

我向她取经，她说以前为了见客户、做报告，整天西装革履，但自从成了自由职业者，她就开始把套装大胆地拆成上下两件，自由搭配。她说那些短裙和长裤在离开上衣以后，适用范围一下子扩大了不少。我也觉得这个主意挺好。

"继续穿那些一看就是职业女性的衣服，我会觉得自己还在上班。有一条以前只能在聚会上穿的黑色长裙，我把它截短了，现在出门吃个便饭也能穿。"她就这样把"好衣服"改成了便装，一点没有舍不得。

那些平时派不上用场的正装经过这样一番操作，也就都能见光了。毕竟人生在于折腾嘛，还有三十年好活呢，要是因为害怕皱褶、起毛就把好衣服压箱底，衣服再好又有什么用呢？不如把过去的那些冲动消费当成滋养后半生的提前投资，好好想想眼下怎样才能把它们穿出去。

有一次，我和一家世界知名的英国食品企业的广告负责人出席了一场在日本召开的座谈会，我本以为对方一定是个上了岁数的男人，结果到场的是个四十多岁的女人。女人穿一身薄款的深蓝色涤纶西服，那套衣服我在约克的购物中心里见过，牌子是面向青年人的，价格不贵。

据我所知，英国人一般是不会在职业装上花太多钱的，而且因为提倡"清凉商务"，近来很多公司对男性也取消了西装革履的硬性规定。这样不但省去了清洗费，工作起来也更方便，对于生活在高物价城市的人来说无疑是个喜人的变化。

女人在标码的蓝色西服下面穿一件白色针织衫，长长的金发上扎着黑色缎带，除此以外再无装饰，给人简洁、干练的印象。我想起以前读过的一篇报道，说当代英国人对上流女性时尚穿搭的认识，已经从彰显阶级的香奈儿套装搭配珍珠首饰，变成了略显粗犷的七分裤搭配芭蕾高跟鞋。也许就是因为这种风向标的变化，会场里英国人的穿搭要比日本年轻女员工的高价服饰显得朴素许多。不管怎样，英国女人的演讲颇为精练，从她的言谈中不难感受到知性的内涵。

座谈会结束后的会餐上，我惊讶地发现女人脱掉了西服外套，换上了一件经典款式的黑色雪纺上衣，下面穿的还是那条蓝色长裤。裤子虽然一看就不是大牌，却意外地跟上衣很搭，整体显得很有品位。

我赞美了她的衣品，她便说："这件上衣是手工定制的，我从朋友那里淘换来的。领口这里的蕾丝是捷克的工匠做的，算是孤品了，现在已经找不到这么好的工艺了。"她还说，那是她唯一的一件好衣服，所以不论什么场合都要穿上它。和老公出门也好，给女儿过生日也好，能搭配短裙也能搭配牛仔裤，每次都能穿出不一样的感觉。

女人出门必须得有一件好衣服，但这还不够。英国有句俗话，

"没钱可以买便宜的衣服，但绝对不能买便宜的鞋"。可见，一双好鞋对出行和着装来说有多重要。

我总担心我中意的那几双价格不菲的鞋子会因为穿多了而变形，所以穿的时候少，收起来的时候多。但是一些活跃在一线的造型师是这样跟我说的：脚上的问题解决了，穿什么衣服都能上一个档次。在英国人看来，比衣服更不能舍不得穿的就是鞋，所以她们会趁打折的时候去其乐（Clarks）这类鞋店，买既耐穿又好搭配的款式。

我曾问一个英国女人怎么看待用正装搭配便装这件事，她是这样说的："人在年轻的时候不管穿什么都像那么回事，但是上了年纪以后，不给便装配上一件好衣服，效果是不会好的。也许穿的人意识不到，但如果不讲究成了习惯，人真的会显得很颓废。"她还说，过去为特殊场合置办的那些衣服，现在就算不去聚会、不出席什么活动，她也会照穿不误。

说起来，很多时候一个人淘到一件便宜的外衣或连衣裙，然后得意地跟你说"别看是便宜货，样子还挺不错的吧"，可实际穿上以后却发现没有想象中上档次。而一件好衣服得益于好的料子和剪裁，不管跟什么衣服搭配都能显出好来。让好衣服从正装的位置上退下来当便装穿，不但不花钱，还能顺顺当当地用好衣服取悦自己，这样也就不会觉得心疼了。

让家人也能知道东西放在哪里的收纳法

　　我曾做过一本讲英国人如何收纳的书。为了做这本书，我参观了许多英国女人的衣柜，并对她们的衣柜之简洁、收纳方法之高明留下了深刻的印象。

　　首先，英国人的每一件衣服——不管是哪个季节的——都是挂在衣柜里的。一来因为他们的夏装和冬装的区别不大，二来他们也没有日本人那种在换季时倒腾衣服的习惯。这应该是由当地的气候和居住环境决定的：英国夏天的夜晚可以很冷，而在冬天，中央供暖允许人们在室内只穿一件 T 恤衫。

　　打开衣柜，所有的衣物一目了然，这不但是在给自己创造方便，关键时刻还能为家人省去不少麻烦。比如，女主人突然住院了，或病倒了，这时候如果男主人和孩子不知道东西放在哪里，想让他们帮着拿一件干净衣服都办不到。如果他们在家里当惯了甩手掌柜就更不用说了，出门在外，不管你走到哪里，心里都会觉得不踏实。

　　有个长年从事动物保护工作的英国女人，和已然退休的丈夫住在伦敦郊外。一次因疝气突然入院的经历，让她觉得无论如何都不能再像从前那样对待衣柜了。女人因为经历过战争，养成了经常捡东西回家的习惯，而且一件也舍不得扔。结果就是，当丈夫回家去取她换洗的羽绒服时，面对衣柜里已经塞不下的衣服和成堆的小物件，他根本不知道该从何下手。同样的状况一再发生后，她决心要用一种能让丈夫和朋友们立刻明白东西放在哪里的方式，重新整理身边的物品。

当我提出想看看她的收纳成果时，映入眼帘的是为数不多的衣物整齐有序地排列在柜子里。之前听她说衣服成山，我还以为她家一片狼藉，这样的结果反倒让我有点沮丧了。

仔细一瞧，衣柜旁边还有一个十层的立柜，每层抽屉上都贴着"S""L""SS""LL"的小标签。

起初我以为她是在按大小号收纳衣物，问过才知道，其实"S"是"半袖"（short sleeve）的含义，"L"代表的是"长袖"（long sleeve），"SS"则是在袖长的基础上加入了面料的属性。

女人因为只穿天然面料，对吸湿性强、皮肤触感舒适的"丝"（silk）和"麻"（linen）情有独钟，这么多年下来，攒下了不少丝麻材质的衬衫和外套。

所以"SS"代表"丝织半袖"（short silk），"SL"代表"亚麻半袖"（short linen），"LL"代表"亚麻长袖"（long linen）。其余的棉质和羊毛材料的衣物则按袖长收纳在贴着"S"和"L"标签的抽屉里。

她最常穿的就是放在"SS"抽屉里的半袖丝织外套和衬衫。她告诉我，丝质的衬衫质地柔软，保湿性强，穿在身上松快又舒服，外面罩一件开襟毛衣，冬天也过得去，而且因为吸汗，晚上还能当睡衣穿。

自从用标签给抽屉分类，再有突发情况的时候只需要一句话，想要的衣服就能递到眼前。仔细想想，那些对穿衣搭配毫无感觉的男人怎么可能分辨出衣物的面料呢。她的衣服净是淡色系的，哪件长得都差不多，有时连她自己也分不清。这样想来，标签分类绝对是个好主意。

除了这一柜子的衣服外，她还有一堆丢也丢不掉的旧衣服。吊带衫和T恤、松紧带没了弹性的短裙和裤子，这些旧衣服都被她压在了床尾的长木箱里，等待着发挥余热的最后机会——它们是修整庭院和刷油漆时的专用工装。

木箱子的盖子上贴着"Work"的标签，让人一看就知道里面装的是工作服。

这种任谁都能看懂的收纳法，在衣物以外的地方也很实用。

有一次她感冒了，卧床不起，拜托我给她做饭。我因为不熟悉她家的厨房，心里多少有些犯难。

可是当我走进厨房一瞧，所有的厨房用具也都像衣物一样被清晰地分好了类。水池上方的架子上摆着一排储物罐，都是透明的，能看到里面的东西，而且每个罐子上面都贴着诸如红茶、咖啡、砂糖、粉类、药茶的标签。做饭时要用到的铁锅和平底锅，也都有按大小分门别类地摆放。这样一来，不论是谁站在厨房里都能一眼找到需要的东西，就算女人病倒了，也无须向来探病的人说明每件东西的位置。

另外，由于家里没有保险箱，她总要在信封里装大约三万日元的现金以备不时之需，然后和存折、股票一起放进随身携带的洗衣袋里。那是个白色的爱尔兰亚麻质地的袋子，据说是她已故的母亲年轻时的嫁妆。不论是她的丈夫还是她的几个女儿，都知道这个绣有她母亲名字缩写的洗衣袋是她的贴身物品。

"所有熟悉我的人都知道，我会把最重要的东西放在这个袋子里，因为它是我妈妈留给我的。"

她会把它收纳在衣柜的一角。

用充满巧思的方法将物品归纳整理，这也是在告诉别人每件物品对于所有者的意义。

她常说，"grateful for what you've got"（对你得到的一切心怀感激）。

我们需要整理的也许不是物品，而是看待世界的方式。

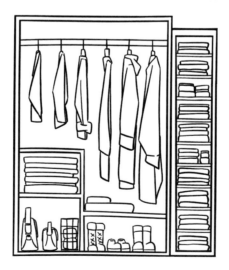

☕ 三十岁以前给自己买好遗嘱套餐，各大商场有售

　　在我们重新审视并开始重新规划自己的人生时，有一件事是不能落下的，那就是考虑到将来发生意外的可能性，提前为存款、保险、房产等财产的归属问题做好打算。在如何处理重要财产的问题上，我们日本人总是习惯于一拖再拖。

　　衣服、餐具等生活用品靠收纳法就能各得其所，财产却不能如此。别看我们平时对储蓄和避税格外上心，对财产管理却往往是一副爱搭不理的态度。

　　因为不想父母死后兄弟或亲戚之间为了遗产发生争执，有的孩子会劝年迈的父母立下遗嘱，但老人一般不是嫌不吉利就是嫌麻烦，到最后也没有一个准话。这就是"遗嘱落后国"日本的现状。结果"继承"变成了"争夺"，遗产成了老人留给孩子的一个大麻烦。

　　相比之下，在不立遗嘱被视为"绅士之耻"的英国，支付高额费用聘请事务律师（solicitor）订立遗嘱已成为上流阶层的一贯做法。不过，大多数普通劳动者由于缺少相关渠道和费用的问题，

最终也未能立下遗嘱，令自己陷入了窘境。

针对这一状况，英国于1997年修改了相关法律，开始在大型购物中心的咨询台出售"遗嘱包"（will package）。这种名为遗嘱包的厚信封里装着专用的表单和配套的说明书，即使是不具备法律知识的人，也可以按照说明完成表单的填写。表单填好以后还需要由当事人以外的两名见证人签字，之后提交给指定的事务律师，核查无误后留下一份复印件备案，手续就算办完了。

购买遗嘱包加上律师费，一套流程下来不会超过1万日元。相比在日本动辄就要花费5万到10万日元才能聘请律师立遗嘱，这个价格是相当便宜的。

不仅如此，英国政府还鼓励国民在三十岁以前就立好遗嘱。

这是因为在英国，男主人死后能够继承遗产的只有妻子，子女并没有合法继承权，不像在日本，男主人的遗产是归妻子和子女共有的。而且，如果子女继承财产超过32.5万英镑，还需要缴纳一大笔超额税金。

近年来受房地产泡沫影响，英国一套普通住房的平均市价已上涨至1亿日元，这种情况下如果父母生前未立遗嘱，子女继承时就需要聘请事务律师，并通过遗言认证法庭的审核，手续可谓相当烦琐。

英国有一档叫《空中捕手》（*Air Hunter*）的电视节目，反映的就是价值上亿的不动产由于未立遗嘱而面临被财政部门没收的情况。与其拱手让给政府，一群"职业猎人"决定碰碰运气，为遗产寻找合法的继承人，同时为自己谋取一笔高额的服务费。他们在死亡证明和结婚证中查找线索，从死者身边人中搜集口供，与同行展开竞争，将死者的远亲立为合法继承人，成功拿到财产，顺便领到自己那一杯羹。想必所有看过这档节目的人，都会认真思考早立遗嘱的重要性吧。

近来随着网络的兴起，出现了一批在线销售的遗嘱产品，以下是几种常见的类型。

· "10 Minute Will"（10 分钟遗嘱）29.95 英镑

· "Easy Will"（简单遗嘱）9.45 英镑

· "Last Will & Testament Kit"（最终遗言及证明套装）14.99 英镑，羊皮纸印刷，附赠光盘

这类产品不仅可以在线受理遗嘱，还与"遗嘱人协会"（Society of Will Writers）下属的公职事务律师有合作关系，办理起来非常方便，且费用更低廉。不仅如此，遗嘱人还可以在生子、购房、离婚等生活环境发生变化时，多次免费对遗嘱进行修改。

曾有一位女士独自居住在泰晤士河畔的一栋别墅里，丈夫因事故意外去世后，她便在附近的购物中心买了遗嘱，决定将别墅和为数不多的存款分给已经成人的两个儿子。

按照说明，她将一份遗嘱寄给律师，另一份存放在餐厅碗柜的抽屉里。那一年圣诞节，她把律师的联系方式告诉了儿子。

十年后，她被医生宣告患有乳腺癌，只剩下数月生命。她将遗嘱重新过目，追加了部分内容。之后，她被长子接到肯特一起生活，在新年到来前离开了人世。

　　然而就在她搬去与儿子同住的那半年里，别墅二楼的水管因老化而发生破裂，水像瀑布一样喷涌而出，由于长期无人来访，整栋房子都泡了水。当两个儿子再次来到那里时，发现一楼餐厅里母亲生前珍爱的古董家具、书本和照片已悉数被天花板上流下的水打湿损毁。

　　两人向律师询问母亲遗嘱的内容，得知母亲决定将除去必要开支的全部存款赠予慈善机构，而唯一留给两个孩子的那栋别墅，将"变卖后由两个儿子平分"。然而，被水泡坏的房子已无法出售，经施工方评估后，修复费用将超过2000万日元。

　　由于凑不出这笔钱，兄弟二人商议后决定将别墅转让给地方政府机构。"母亲生前热爱慈善活动，她一定会支持我们这样做的。"两人打算以这种形式把这栋房子连同对母亲的回忆永远留在她喜爱的泰晤士河畔。

　　就这样，两人放弃了对房产的继承。

　　然而就在最近，这栋承载着回忆的别墅将被现主人出售的消息传到了两兄弟的耳朵里。两人无论如何都想把房子买回来，但询问过业主后得知，房子的卖价如今已变为13000万日元。

　　"后悔当时没有留住房子，但因为母亲在遗嘱里说'无论以何种形式都希望将房子留下',没钱重修房子的我们只好选择了捐赠这条路。"

怀着这样的思绪,弟弟陪哥哥找到了房产商,提出想要再看一眼母亲的房子,并得到了对方的许可。

在令人怀念的车站下车后穿过一条小路,眼前是修剪整齐的草坪和穿插其间的一栋栋住房。两人呼吸着泰晤士河畔上飘荡的河风,来到了那栋别墅门前。在绿色油漆剥落的大门后仿佛母亲还会念叨着"这么晚才来啊"迎上前来。

在那个他们再熟悉不过的小院里,一个很像母亲的独居女人正在收拾庭院。

"院子里开满了淡粉色的玫瑰,那是母亲查出癌症前种下的安布里奇玫瑰。"

看到保存在记忆深处的母亲的家园至今都被细心呵护着,兄弟二人终于放下了心中的遗憾,向住在别墅里的女人坦诚说出了来访的原因。

女人默默听着,心中感动不已,后来她致信给兄弟二人,表示已经打消了卖掉别墅的念头。她还在信中说因为自己有一个女儿,所以非常理解两人对母亲的思念之情。她答应他们:"会把这栋房子作为遗产留给女儿,并会在遗嘱里留下嘱托,一定不让安布里奇玫瑰在你们母亲留下的庭院里枯萎。"

继承遗产时,能为继承人带来积极意义的遗产被称为积极遗产，与之对应的是消极遗产，比如欠款或拖欠房租的房子。我们留给子女的应该是那些积极的财产。这类财产不仅限于物质财富，还包括那些能够在各种意义上使继承人的人生变得富足的东西。别墅在意外浸水后虽然变成了消极遗产，但母亲生前的人生样貌及其在遗嘱中留下的愿望，却成了富足的精神财产被不断传递下去。

几年前陪年过七旬的父亲去英国旅行时，就在皮卡迪利广场的咖啡厅里，我们探讨了将他的财产写进遗嘱的事。我自己因为经营着出版社，为了不在发生意外时给别人添麻烦，我已经在四十岁以前将仅有的遗产写进了一份类似遗嘱的申请书，并在那之后不时对内容进行修改。写遗嘱并非因为岁数到了，而是出于对后继者负责的态度，有必要以某种方式尽早明确积极遗产与消极遗产，给活着的人一个妥善的交代。

第5章

把“属于一家人的家”
变成“属于自己的家”

避免让孩子独立后的房间沦为仓库的智慧

　　人生进入后半程，家庭内部会发生许多变化。比如靠养老金生活的父母愈发衰老，我们不得不认真面对该由谁、以什么方式来赡养老人的问题。另外，以求学、就业、结婚为契机，孩子离家而去，只剩下夫妻二人的生活开始了。

　　当今少子化社会，女性一生孕育孩子的数量已降至 1.39 人（2011 年，厚生劳动省[1]调查），不仅如此，终身独居的不婚族正在逐年增加。虽然并非所有人都会面临孩子独立的问题，不过于我个人而言，由孩子离巢带来的种种变化可谓一大改变，就借此机会谈一谈吧。

　　我唯一的孩子，我的女儿，从小就特别渴望独立。随着十七岁生日的到来，她在外面租了间屋子，开始独自生活。当时她已离开学校，靠做兼职养活自己，应该是打定了主意要尽早离开父母自立门户吧。

　　搬出去的前一天，女儿从她不大的房间里清理出了数量惊人

──────────

[1] 日本主要负责医疗卫生和社会保障的部门。

的废品。大部分是从小学起攒下的教科书、学习资料、玩具和洋装。估计处理了十几大袋子。

我一边看着女儿决绝地丢掉那些充满回忆的东西，一边帮她把剩下的行李装上小红帽运输的 2 吨货车。她租下的那间宛如储藏室的狭长单间，从此以后就是她的居所了。

我二十几岁离婚，之后再婚，女儿一直跟着我过。她曾拒绝上学，离家出走过，也曾带朋友回家，曾在我丈夫入睡后来到我工作的房间，一边读我的稿子一边挑毛病。是她让这个不大的家热闹起来。

当那许多的脚步声和笑声从家里消失，女儿离开后的房间仿佛多年未被使用的仓库，瞬间失去了生气，我不禁落下泪来。

回想起来，当初我考上东京的大学，准备离家时，也是因为父亲的一句"需要什么都可以拿走"，就把大到实木书桌，小到书本的一大堆东西搬出了长崎的那个家。运输公司的卡车开走以后，我准备回屋休息，只见隔壁屋的廊子里，父亲落寞地坐在母亲旁边，嘀咕着："庆子的东西，什么也没留下。"我撒腿跑上二楼自己的房间，在没了家具的空屋里号啕大哭起来。

不管是自己的离开，还是孩子的离开，分离都是悲伤的。但也不只有悲伤。亲子分离还将为原本属于一家人的生活空间带来新的变化。

女儿离开后，我发觉家的框架是因为有了孩子才存在的。我和丈夫在一起生活的日子，好像"家"或者"家庭"这类字眼"开了线"，不过是同居生活的延续。或者更像是一对男女，像朋友一样生活在同一屋檐下。

后来听女儿跟别人说话时提起"我在老家的妈"怎么怎么样，那种距离感，让我切实地感到她已经活在了完全不同的天地。

而那个原本属于一家人的家，也随之变成了我和丈夫的个人空间的集合。现在除了我工作的房间，这里又多出了丈夫的书斋。把孩子的房间当储物间使用，或者搬入电脑和电视，让它成为夫妻中一人的专用房间，这是日本家庭的惯常做法。不过，为了方便孩子在需要的时候能够回来，也有不少人家选择把家具和孩子的东西原封不动地保留下来。

相比之下，在英国，孩子十八岁拥有选举权后离开家独立，空出来的房间别说拿来放东西了，拿来创收都有可能。

从格拉斯哥驱车30分钟来到的法夫区，是一片可以眺望到温暖的苏格兰东海岸线的广袤地区。几年前，我在那里的金卡丁镇结识了一对与我同辈的双职工夫妇，并受邀到对方家里喝茶。

就职于当地一家汽车公司的夫妇二人，住在小镇特有的小型联排别墅里。来到夫妇家，前一秒还在赞美那房子可爱的我，下一秒打开房门就被满屋的敲鼓声吓了一跳。原来是他们的两个儿子，虽然上了大学却付不起高涨的房租，只好像这样在家里搞乐队。夫妇难为情地告诉我，因为房地产泡沫，如今英国也出现了许多"赖在家里不走"的孩子。

但更令我惊讶的是，在参观他们的房子时，我发现两个孩子的房间里都只有一张整洁的单人床和一个小衣柜，俨然旅馆里的单间，完全不像是有人在住。

"物价一个劲儿地涨，我们也得想办法赚钱才行啊。"

夫妇告诉我，他们已经和当地的大学谈好了，准备下个月就把孩子的房间租给留学生。可是这样一来，两个亲儿子又该去哪里住呢？一问才知道，原来是寄居在阁楼里，睡觉就用地上的睡袋。好在阁楼的房顶足够高，夫妇答应他们在留学生搬来之前，可以在那里摆架子鼓和吉他放大器，随便他们演奏。

"十八岁了，该把房间空出来了。再说大学那边也已经谈好了。"夫妇二人毫不避讳地说。

这到底该说崇尚个人主义的英国人看得开呢，还是说他们把钱看得比亲情更重呢？不同的人可能会有不同的理解吧。

孩子成人以后，哪怕是亲生的，也要有明确的边界。丈夫把儿子的房间翻修后当作收入来源，以此为契机，夫妇二人将迈出新的一步。

而那两个像老鼠一样住在昏暗阁楼里的孩子，也已经在寻找可以跟朋友合租的房子了。不论对哪一边来说，目前的生活都是暂时的。

据我所见，同样的事，别的家庭也在上演。

有一对经营民宿的德国厨师和英国女人，圣诞节时邀请我去家里做客，正好赶上他们在伦敦上大学的女儿回来。可是，不过才离开家几个月，她的房间已经变成了客用寝室，而且恰好就是当晚安排给我的那一间。屋里书架上那套她从小爱看的《哈利·波特》，如今成了客人们睡前打发时间的读物。

这套公寓面积不大，同样是那种又窄又深的户型，只有二楼的两间屋开辟成了客用寝室。

女儿好久没回家了，可她非但没有自觉地享受父母的照顾，反而显得有些客气，好像在熟人家里做客一样，又是为我续茶水，又是陪隔壁客房的老太太说话。

"我去伦敦以前，我妈一直是个非常会做菜的专职主妇。没想到这次回来一看，家里变样了，成了人来人往的民宿。"她笑着说，话语间流露出对父母开展新事业的尊重。

"话虽如此，可是看到自己的房间消失了，心里不会难受吗？"

她摇了摇头："为什么？这样一来我也能见到形形色色的旅客，不好吗？"说完她又笑了。

英国人之所以习惯让外人住进家里，据说是因为他们关于"住"的概念源于学生时代住宿舍或合租的经历。

我们日本人虽然没有和陌生人同住一宅的习惯，不过，把孩子空出来的房间收拾整洁、放入床铺也不失为一个再利用的办法。

并非专门拿来放东西，而是只留下一台小电视，一张小桌子，几本书，打造出一个类似旅店的清新空间，以便随时供人小住。那个人可能是亲戚，可能是朋友，也可能是夫妻吵架时的自己，或是闲来无事想回家看看的孩子。

把一家人同住的快乐，变成期待团聚的快乐，同时也为孩子回家时保留一份惊喜。然后，在这个被称为"父母家"的家里，以成人接待成人的方式和孩子共度时光。

如此一来，孩子独立后空出的房间便有了新的用处。

能够生财的英式房屋改建术

据 BBC 新闻报道（2012 年），英国房价近年来虽然有所回落，但是对普通英国人来说依然难以企及，住房的平均市价为 3249 万日元，独栋住宅的平均价格为 4460 万日元。在 20 世纪 90 年代初期相当于普通人年收入 3.5 倍的房价，如今已经变成了 9.6 倍。由于英国人不会像日本人那样给予孩子经济援助，加之金融机构的信贷紧缩，多年来购房难的问题可谓有增无减。

那么，刚刚进入社会的英国年轻人是怎么解决购房问题的呢？事实上，他们会在网上和咨询刊物上寻找卖相形同废宅的旧房子和曾经的公租房，以低价买入后通过翻修、改建使其增值，然后再卖出，如此一步一个脚印地置换房产，最终购得拥有多个房间的家庭型住宅。

这样一来，今后是否能住进理想的房子，就要看一个人是否有能力以尽量不花钱的方式让旧房子焕然一新了。英国人都知道，没有翻修就没有幸福的住处和幸福的人生，一个人能否拥有富足的晚年，很大程度上是由他挑选废宅的眼光和改造房屋的技术决定的。为此，英国人会在体力、精力尚且充沛的五十岁以前，使出浑身解数向改建房屋发起挑战。

"房子起初只有这么大，那边的书房，还有孩子的房间，都是我们自己后盖的。"过去在走访散落着美丽村庄且房价很高的科茨沃尔德地区和湖区时，我听闻了这样一个纯靠 DIY 改造出豪宅的励志故事。

当我见到这位居民时，他就像电视节目里常见的那样，一边拿出改造前后和施工中的照片给我看，一边向我描述房子刚买来时的惨状。"不过啊，前一段时间我已经找房地产商估过价了，这房子和我买它时相比涨了好几倍，现在差不多涨了 1 亿日元了。"见他说得如此尽兴，我也决定尽地主之谊，好好听听他的伟大功绩。

此人四十多岁，以回收建筑材料为生。他年幼时就看上了附近一户农家的房子，后来花不到 2000 万日元将它买了下来，并进行了大规模的翻修。他的工作是回收教会、警局、学校拆除的维多利亚时期的门板、台阶、地板等值钱的材料，集中在一个类似体育馆的仓库里出售，有点建材修理厂的意思。也就是说，他可以利用工作之便，以低价搞到各种翻修时用得上的上好建材。他就是用这些材料，花两年时间把原来的老房子改成了一栋豪宅。

"这根柱子是从布莱顿的防波堤上拆下来的。门口的楼梯有 400 年历史了，是我用威士忌跟附近的农民换的。"

我一边听他自豪地讲解一边参观。房子里从窗框到浴室、卫生间、厨房等走水的部分，全部使用维多利亚时期的建材修复而成，曾经农家老宅的感觉已经荡然无存，现在俨然一副领主官邸的派头。

当我看到照片上"他幼时向往的农家老宅"在改造前的真实样子时，我简直惊讶得说不出话来。那"房子"别说楼梯了，二楼地板已整体腐朽掉落，只剩下一圈由粗糙石墙构成的"外框"。

他竟然花掉 2000 万只买了一堆石头。

以前我听过一种说法，日本建筑的精髓在房顶，西洋建筑的精髓在外墙。听当地的房地产商说，如今英国人盖房使用的是透气性好的人造石材和炉渣砖，昂贵的真石头已无人问津。因此，用 18 世纪石材建成的农家老宅哪怕只剩下外墙，价值也对得起 2000 万重金。

欧洲的房屋之所以能看到"毁坏的部分"和"残存的部分"，是因为一种有别于日本的对传统样式的执着。

建筑大师勒·柯布西耶曾说过，"欧洲的建筑史，是与窗户搏斗的历史"。由石材、砖头砌成的古老英国住宅厚厚的墙壁，能够隔绝一切来自外部的热、声、光、风，就连墙壁内侧也被同样的材料堆得严严实实。

英国人喜欢收购弃宅、废宅，不光是为了以低价购得"货真价实"的房屋。"只剩外墙反而更好。如果修复不当破坏了传统样式，房子就掉价了。"就像这位居民说的，如果到手的房子里尽是缺乏考证、胡乱搭建的地板和楼梯，为了拆掉它们又要白白付出多少劳力呢？

建于 19 世纪初的这栋老宅，相当于日本江户时代的建筑。"为老房子增建几间屋子，并不能使它的价值上涨。正确的做法是使用相同年代的建材去还原传统样式，这才是迎合房地产鉴定标准的诀窍。也是因为这个，有了更多回收古董建材的需求，我的生意才能兴隆。"

经过两年的大改造，这栋起初只有外框的房子在他慎重的修复下，不但房间数量增加了，还修出了一条通往公路的私家石板路，房子的市价如今已升至 1 亿 2000 万日元。那条私家道路，据说也是他和妻子开着拖拉机自主铺设的。他说，等到五十岁工作节奏慢下来了，他就一边在周围广阔的牧草地上放羊，一边和妻子下地干农活，过上悠闲的乡村生活。

"我和妻子都是从三十多岁开始为半退休做准备。等将来工作不忙了，就在这个应有尽有的家里度过后半生。花两年时间改造房屋就是为了这个。"

英国人之所以乐意花费日本人无法想象的大量心血去改造房屋，是因为只有建房可以为老后生活带来实际的保障。当与房子的搏斗尘埃落定，可以一边翻看过程中记录下来的照片，一边谈论爱巢完成后的样子，同时精心计算着如果把房子卖掉，能凑出多少老年的生活费。

遗憾的是，在经历过房地产泡沫的破裂，又没有类似英国的二手房市场的日本，花心思改造房屋并不能成为生财之道。不过，如果家里住的是独栋，可以考虑把用不上的一楼或二楼翻修后出租，或是把院子里的空间改造成停车场租给邻居。哪怕是交给专门的从业者来做，也算是完成了具有本土特色的改造，能多少获得一些收入补贴日常开支。

某次路过东京郊外的住宅区时，就曾看到一户人家的院中立着"停车场·可停轿车"的标牌，停车费是每月 2 万日元。据说是户主退休后拆掉外墙改造而成的，而且很快就有附近公寓里的上班族提出了申请。"留着院墙也没什么用，推倒了还能赚点钱。"房子的主人满意地说。

稍微改变一下视角，哪怕是平时只能用来吃饭、睡觉的房子，也可以变成一张能为我们提供资金支持的安全网。当人生来到下半场，是时候重温一下"以房生财"的技巧了。

一定要在卧室里盖一间浴室的理由

和我聊过的建筑师都说，日本人盖房子，女人最关心厨房，男人最关心浴室。说起来，我的熟人里就有这样一个人，为了在家里打造出梦想中的岩石浴场，不但花光了泡沫经济时期的全部离职金，还拆掉了二楼西南角视野最好的一整间屋。

花重金淘来御影石[1]建成的岩石浴场颇有旅馆风情。我和他说，以后岁数大了，万一摔倒了脑袋磕在岩石棱上，多危险啊。他却说："这是我这辈子的梦想。欢迎你也来体验一下。"看着他高兴的样子，我不禁想到，他正是通过修建浴室，让那个家真正成了他的家。

由这件事，我想到了另一个做美国玩具进口生意的日本人，此人在五十岁那年决定半退休。

当时，这位在世田谷[2]的上等地段拥有豪宅的生意人，特地从美国订购了一座按摩浴池放在院子里，并举办了一场豪华的引退

---

[1] 即花岗岩。
[2] 东京的富人区之一。

露天派对。活动上不但有超过一百人到场，还有前来助兴的餐饮业者和乐队，美食、音乐一应俱全，可谓相当大手笔。

对这位生意人来说，摆在院子里的按摩浴池无疑是美国式发家史的象征。而那场令人联想到好莱坞名流的引退派对演出，据说是他对多年来苦心经营，一路升到了总经理的自己的犒赏。

然而，在退休以后，他几乎就没怎么踏进过那个浴池。理由据说是嫌麻烦——泡个澡还要换上泳装一个人到院子里去。于是他还和往常一样，用屋里的浴缸泡澡。这让我想起了那些无人居住的别墅：买的时候费了好大的劲，到手以后却发现不但去一趟费时费钱，还不好打理，于是只能空置着。

在洗澡这件事上，英国人并不会像日本人那样，把浴室当成消遣的场所。用不着把身体浸泡在温暖的浴缸里，一个能迅速冲洗身体的淋浴喷头就足够了。更别说退休以后在家里建造豪华浴场了，简直闻所未闻。这种差异大概是不同的生活习惯所致吧。

不过，英国人也并非对洗澡一点不上心。过去我在拜访一对半退休的英国夫妇时，就曾见识到与日本人的理念完全不同的房屋供水系统的改造方式——他们在卧室里开辟出了一个由马桶和整体浴室组成的小型淋浴间。

在某大型调查公司就职的这对夫妇，住在一栋修建于英国摄政时代[1]的老房子里。房屋已有超过200年的历史，比始建于1830年的维多利亚繁荣时期的房屋还要古老。夫妇二人没有孩子，过去生活完全以工作为重，近年来随着把出勤方式改成了一周三天的弹性制，开始步入第二人生。

时间自由了，两个人赶紧在网上购买了由喷头和防水底座组成的整体浴室，买的还是Hydro Shower品牌的"可以无间断喷洒热水"的款式。这名字乍一听很有高科技喷洒装置的味道，但其实就是我们在日本使用的最普通的喷头。

事实上，英国人住的房子大多是二战以前建造的廉价房。如今很多居民想用热水，仍然要靠夜间的半价电把水烧热，然后储存在蓄水罐里。由于蓄水罐的容量只够灌满浴缸一次，在20世纪60年代，孩子多的家庭洗澡需要每天轮着来，轮不到的时候就用湿毛巾擦拭身体。这就是为什么在英国住B&B的人经常抱怨"洗澡水放到一半放出凉水"，或是"房子很好，很有情怀，但沐浴体验太差"。

至于英国的淋浴，就更别提了，不但热水少，水压还小得像漏雨一样。习惯了出水顺畅、热水充足、能让人精神焕发的日本淋浴，在英国不论哪种洗法都让人觉得不可思议。

英国的老房子都是石头造的，一旦完工便无法在墙壁里添加

---

[1] 指1811年至1820年亲王乔治四世摄政时期。

管道。像 B&B 那样，水管外露沿天花板铺设，说明淋浴系统是后装的。

前面提到的那对夫妇，就是在改造卧室时把水管引了进来，然后购买了出水顺畅的透明箱型浴室放在主卧一角，整个工程花费了 20 万日元。浴室的热水器为一键供应热水的电加热式，由于电源和家里的中央供暖系统一样，安装费用要比燃气式便宜。这种整体浴室后来凭借优秀的口碑很快在英国得到了普及。"这下每天早上都能洗个醒觉澡了。"为时半天的改造工程结束后，夫妇二人终于实现了多年的梦想，感到心满意足。

这对夫妇没有修建豪华浴场，而是坚持在卧室里安装整体浴室，其实还有另一个理由。两个人没有孩子，身体又在一天天变老，万一将来生病了，比起冒着可能会滑倒的风险提心吊胆地去浴室里泡澡，不出卧室就能在空间紧凑如公共电话亭的浴室里淋浴要让人安心得多，而且马桶就在旁边，对于负责照顾的人来说也是更方便的。

这样想来，比起日本人为了消遣而改造浴室，英国人在卧室里安装整体浴室的做法则充满了对老年生活的打算。

当我们把原本"属于一家人的家"变成"属于自己的家"时，除了厨房和无障碍设施这些我们早已习以为常的改造项目外，包括浴缸和淋浴设备在内的供水系统，同样是不容我们忽视的重点改造对象。

第6章

亲近身边的自然，
让自己保持年轻与健康

效果胜过千元护肤霜的药店畅销品

　　和多年不见的老朋友、老同学见了面，虽然知道这样不好，还是忍不住要在对方的脸上打量一番。我们平时很少留意自己脸上的岁月痕迹，但女人和女人见了面，就像照了镜子一样。

　　抗衰老护肤品，近些年来我开始有意无意地接触到这个被炒得很热的东西。

　　当得知我很少使用市面上的化妆品时，一位我在女性刊物摄影活动中结识的化妆师这样说道："上了岁数的皮肤，一定要用科学的护理方法。"她极力向我推荐一线品牌耗巨资研发的抗衰老护肤品，说这类产品的效果远胜于那些纯天然的精油和草本产品。

　　"皮肤变得水润以后，暗斑和细纹也会变得不明显。"她还说，保湿就是中老年女性保持皮肤年轻的关键词。因为刚好听说我的一位朋友由于介意暗斑去做了医美焕肤，眼前化妆师的仿佛含着水的皮肤直接让我看愣了眼，还真不能小看科技呢，我心想。

　　然而，凡是名字里带"抗衰老"几个字的化妆品，价格都要比普通产品高出许多。我曾在朋友家见识过一种 5 万日元一瓶的晚霜，当我听说那东西"如果开封了，一个月内就得用完"的时候，我不禁怀疑我那不稳定的收入能否供得起它。

据报道，以护肤品为首的抗衰老类产品的销售额在 2007 年上升了四十六个百分点，在化妆品总销售额连年增长停滞的大背景下，唯独抗衰老市场呈现出了坚挺的上扬趋势。和去暗斑等医美手术相比，护肤品确实有着门槛低，价格也相对便宜的优势，但是我不禁会想，除了依赖价格高昂的化妆品外，难道就没有其他对抗皱纹和松弛的手段了吗？

后来，我在英国收看了一档名叫《裸出好身材》（*How to Look Good Naked*）的纪录片。片中，节目组请来专家指导女性如何意识到自己的身体美，同时在节目的间隙穿插了一场匿名的护肤品大赛：参演者们被要求试用各种匿名的护肤品，并根据实际消除眼部暗沉和紧致眼袋的效果对产品进行排名。

最终，得到了所有人的认可而获得第一名的，是一瓶以对苯二酚为主要成分的、售价 95 英镑的淡化黑眼圈眼霜。不过，当节目组公开售价时，一位女性参演者愤愤地说："去个黑眼圈要花这么多钱，别开玩笑了，我是坚决不会买的。"

公然表示不满的是一位五十多岁的女性，她说自己绝不会屈从于这种"成分好就要卖高价"的商业逻辑。

另一方面，在比赛中获得第三名的是售价仅为 7.99 英镑的药店眼霜。据说在该档节目播出后，这款眼霜凭借其亲民的价格和良好的使用体验，在英国一跃成为同类产品中的销量冠军。

事实上，英国人的审美中向来存在着一个根本的评判标准：
"自然天成"（natural grown）。不勉强自己，接纳自己原本的样子，
这种人生态度也体现在了她们在选购护肤品时会认清自己的经济
能力和真实需求。

记得有一年圣诞节，我想趁冬季折扣买一瓶香水，于是来到
了在世界各地都有分店开设的自然派化妆品店"彩虹庭院"（Neal's
Yard Remedies）。当时店里人很多，收银台前排起了长队，这些顾
客大多是冲着打折来的，以中老年女性为主。

将重视自然美的英国女性牢牢抓住的，是彩虹庭院创始人罗
米·弗雷泽秉承的将自然疗法融入日常的经营理念，以及品牌下
朴素、优质的产品。彩虹庭院在英国拥有自己的有机农场，并尽
可能使用有机的方式种植生产化妆品和补充剂所需的原料，而这
些正是中老年消费者所看重的。

排队结账时，我邂逅了一位束着一头白发的女人，看到她在
购物篮里放了好几个打折后 2000 日元左右的晚霜，我便搭话问她：
"买了这么多啊？"她满足地告诉我："冬季和夏季打折的时候每
次都要买半年份的。这种晚霜里的乳香成分能让皮肤变得年轻。"

她还说她原本不爱在化妆品上花钱，但是在学习芳香疗法的
时候了解到薰衣草精油和乳香精油可以激发皮肤细胞的活性，效
果堪比返老还童的灵药。

她白皙而富有弹性的皮肤让我看得入神，我也忍不住买了一

瓶。不知道是不是乳香的功效，尽管在英国时经常睡眠不足，皮肤却没有因此发干，真的是帮我解决了一个大问题。

另外值得一提的是平价连锁超市奥乐齐（ALDI）的一款自主品牌的除皱霜。这款产品别看只售1.89英镑，却含有能预防皮肤老化的辅酶Q10和维生素C、维生素E。更厉害的是，它在一场两千人的盲测实验中被评为除皱效果最好的产品，一下子成了供不应求的俏货。借着这股热潮，这款除皱霜的销售额翻了八倍，哪怕店家拼命补货，还是不断有店铺打出售罄的牌子，甚至一些地方从早上五点开始，门前就排起了抢购的长龙。

所以，真的有必要使用那些高价的抗衰老护肤品吗？我不禁产生了疑问。就拿我自己来说吧，由于过了四十岁还经常在大夏天顶着强紫外线在英国各地东奔西跑，我脸上的暗斑控制不住地加重，而且只要睡得不够，眼角纹就会变得明显。但即便如此，我也无法下手购买那些很贵的护肤品。除了单纯的嫌贵外，也是因为我对自己的年龄有点没信心，怕自己花了冤枉钱。

就像前面写到的，英国女人一般不会有花几十英镑买化妆品的想法。或者说她们对护肤这件事压根儿就不像我们那么在乎，我总有这种感觉。

某营养分析网站的调查显示，五十岁以上的英国女性普遍感觉自己要比实际年龄年轻一两岁，原因据说是从园艺和交谊舞中获得的快乐可以使心态变年轻。能让人保持年轻的不只有化妆品，

"精神层面的东西"同样重要。回想起来，我之前的一次经历恰好印证了这一点。

这还要从我走访英国西南部一个人口不足九千，名叫格拉斯顿伯里的小镇说起。格拉斯顿伯里流传着诸多神话和传说，它的镇中心有一座修道院，大批占卜师、治疗师、自称魔女的人等崇尚"新纪元文化"的怪人聚集于此，让格拉斯顿伯里成为一座以灵力而闻名的小镇。我当时下榻在"托尔丘"（Tor）脚下的一家旅店，据说有一座圣米迦勒之塔早年就建在那山丘的顶上。

推开旅店大门，一股浓郁的药草气息扑面而来，看到门口装饰的天使金属牌和水晶原石，我刚要说这里该不会是新纪元那一派的人开的店吧，一个身材高大、穿白色长裙的女人就从里面走了出来。

此人正是这里的老板娘。她看上去五十来岁，见我远道而来，满脸疲惫，便低声说："用灵气疗法，给你做一个耳烛[1]吧。"我被突然冒出来的生僻词搞糊涂了，就想请她解释一下，然而当我看向她那坚定又充满意志力的眼神时，竟被那眼神震慑住了，我跟丢了魂似的说了一句"那拜托你了"，就不由自主地随她走进了一个房间，脱掉衣服，裹上了浴巾。

---

[1] 耳烛疗法源自古代，通常做法是把空心蜡烛插入耳朵内点燃，据说可以排毒。

女人说她学过灵气疗法。她叫我躺在起居室正中的一张简易床上，自己默默地准备起来。随后，她深吸一口气，念出祷词："精灵们啊，请借予我治愈她的力量。"

旅店后方广阔深幽的森林里传来潺潺水声。女人默默将精油滴在我的肩和脖子上，开始按摩。随后，她将蜡烛插入我的耳孔，点着了火。放松，她对我说，并用什么东西挡住了可能滴落的蜡油。蜡烛火焰燃烧的声音就在我头顶作响，该不会被烫到吧？我把全身的神经都集中在变得微热的耳廓上，心里怎么也静不下来。就这样过了一会儿，忽然，一身疲惫好像被一口气吹散了似的，舒心的感觉涌了上来，我随之在周围幻想般的音乐声中沉睡了过去。

就是这样的一段体验，一小时收费 18 英镑。

结束后，老板娘递来一杯水，说："这是托尔丘脚下查理斯维尔泉的泉水，那口泉眼已经有 2000 年的历史。这水里汇聚了宇宙的能量，可以净化身体，请把它喝下。"我咕咚咕咚把水喝光，然后看看镜子里的自己，只见两侧脸颊微微泛起了红晕，明明没涂抹什么，皮肤却光润得好像苏醒了一般。就连心里的积郁似乎也被泉水冲散，脸上的表情变得鲜活起来。

老板娘告诉我，她给我使用的精油，是从一种名叫冬青（wintergreen）的纯植物中萃取的特殊精油。配合能召唤来宇宙意志的灵气疗法，可以在刺激身体穴位的同时唤醒沉睡的神经，让能量满溢而出。

　　"我和我丈夫原来都是会计，在伦敦上班。年轻时我就对灵能类的东西感兴趣，后来我在一次冥想中得到启示，要我搬来格拉斯顿伯里生活。那件事以后，我们很快就找到了这栋房子，把它买了下来。"

　　据她说，这栋维多利亚式的大房子在那之前有三年都无人问津，而在他们住进来以后，很快发现房子下方有一条能量大动脉，能感觉到强烈的气在那里奔流。

　　大概就是因为这里强大的气场吧，虽然被旅店经营和治疗师的工作搞得片刻不得闲，已经快六十岁的老板娘却有着白皙透亮的皮肤。

　　"我只用心做三件事。饮用从大地涌出的好水，每晚在皮肤开始更新的 10 点左右睡觉，努力治愈他人而不是治愈自己。坚持做这三件事，皮肤的衰老就跟着减缓了。"

　　顺带一提，老板娘这里提供早餐，不论是果酱、麦片、面包还是红茶，全部是有机食品。大概保持自然美这件事，就是从吃天然的食物、喝上好的泉水开始的吧。

　　以"去除不纯物"为宗旨，从饮食到穿衣彻底贯彻自己的价值观，看到这样的老板娘，我忽然意识到那些制造抗衰老产品的人和我们的生命毫无交集，可我们却甘愿相信"不使用那些东西脸上就会布满皱纹"，想想就觉得可怕。

在公园里和天鹅一起游泳的老人们的健康法则

医疗与钱之间的关系正在变得越发严峻。随着对七十五岁以上老人征收保险金的高龄医疗制度的出台，强加在国民身上的负担越来越重，人们都在为看不到出路的老年生活感到不安。

"只要上医院就不会死"，事到如今，这样的观念不仅对日本，对英国也在造成前所未有的危害。

2007 年约克大学开展的一项调查显示，如今十个英国人里就有一个是医疗事故的受害者，"病死的人不如被药死的人多"开始成为一种共识。同年在肯特医院，国民保健服务系统（National Healthy Service，NHS）对梭菌传染病的防控失败，直接导致九十名患者因院内感染而死亡。

"太多的药物伤害和医疗事故，让英国人不再认为医院是一个可以帮助他们治愈疾病、保持健康的地方。"

一位住在伦敦屈指可数的高档住宅区汉普斯特德的六十多岁的主妇这样和我说。她颇有些得意地告诉我她几乎从不得感冒，还说她每年从开春到十月份都会去汉普斯特德希思公园（Hampstead Heath）的池塘里游泳。

当时正值五月，天气还有些寒冷，我惊讶地问她："这种天气也要去游吗？"她却说："我家那位一年到头都要去游泳呢，冬天也要去。"

自从得知希思公园里有可以游泳的池塘，而且已经存在了二十多年，我的胃口就被吊了起来。在好奇心的驱使下，我来到了这片占地足有12英亩（约为0.0486平方千米）的广袤原始森林的保留地，并成功与坐落在这里的大大小小三十多个池塘中的一个见了面。

一路上，我看到名叫"heath"的杜鹃花科灌木在公园里茂密生长，看到狐狸和松鼠在葱郁的森林里穿行，野鸟在树木间展翅，我了解到当年为了从高速的城市化中拯救这片自然，是英格兰遗产委员会将这一带土地全部买下。然而，当我终于见到了那片赫然出现在大自然中的绿色水塘，见到那绝对算不上清澈的池水以及水面上漂浮的枯叶时，我心里不禁产生了疑问：真的会有人在那里面游泳吗？

自那以后，我又去过英国很多次。我了解到他们的公立学校不会像日本那样为了体育教学修建泳池，了解到他们的几个主要海滩——比如伯恩茅斯和布莱顿——从来没有过开放海水浴场的惯例。我开始意识到，英国人所说的游泳也许从一开始就和我们想象的不一样。

后来我才知道，原来"游泳"（swimming）在英国也叫"泡澡"（bathing），是从"bath"也就是"泡澡"这个词演变而来的。在那个没有浴缸，需要用洗脸池清洗身体的年代，人们会把整个身体浸泡在河流或池塘的冷水里，以这种方式清洗身体。

英国人管公共泳池叫"公共泡澡池"（public bathing pool），管泳衣叫"浴衣"（bathing suit），也是因为在他们看来游泳并非一种锻炼，而只是泡在水里罢了。

我曾在锡利群岛遇到过一位老人，八十多岁了，一年365天中，不管人在哪里，每天早晨起床后都要到附近的海里游泳。老人和我讲了这样一则趣闻。

"英国人的游泳和日本人的游泳不是一个概念。日本的游泳是在江户时代作为一项军事技能发展起来的，这种军事教育保留到今天，就是学校里的游泳课，其目的是强身健体，所以会训练孩子尽可能时间游得长。而在英国，人们从维多利亚时期开始有了洗海水浴的习惯，所以英国人的游泳就是下水。出于宗教上的原因，即使是夫妇之间也不能赤裸相见，所以女人们会把可以移动的简易小屋运到海边，然后换上遮盖全身的泳衣，在小屋里像泡澡一样洗海水浴。"

听了这个喜欢日本的老人讲的话，我想起小时候去参加长距离游泳训练，曾被迫在长崎港游了好几千米。因为那次惨痛的经历，有好长一段时间我对游泳特别排斥。我又问老人为何冬天也要游泳，用他的话说是，那不算什么。

"在英国人看来，海水和池水的冷是再正常不过的事，所以游泳不分季节。下水以后活动活动，身子就暖和了。我已经十年没得过感冒了，还是挺划得来的吧？"

一问才知道，老人的儿子是英语老师，曾在静冈待过两年。老人趁儿子放暑假的机会去日本旅游，从箱根转到了西伊豆。老人感慨地说西伊豆的大海能看到富士山，那是世界上最棒的风景。但是到了游泳的时候，儿子却没有像往常那样和老人一起下水，而是坐在岩石地上，说"在这里看着就好"。老人觉得奇怪，下了水才明白，那里的海水不冷不热，温和得好像泡在游泳池里，这让习惯了英国冰冷海水的身体感到极为不适。

夏季海水温热，不生水母，适宜游泳，这在我看来本该是值得高兴的事，想不到英国人对水竟然有着截然不同的感受。

说到这里，我又想起了那个比起任何事情都更喜欢在池塘里游泳的主妇，于是就在前几天，我再次来到了令人怀念的汉普斯特德希思公园。

三十多个池塘中，开放成泳池的只有男性专用池、女性专用池和男女共用池三处。池塘边上设有更衣室和监管员办公室，池塘每天早上7点开放，全年无休，任何人都能下水一游。

17世纪末时，这片土地由当时的领主母子赠给了汉普斯特德的贫民们，从这里的沙土和黏土中涌出的矿泉水形成一条汇入泰晤士河的小溪名为弗利特河，为周边一带提供了丰富的水源。传说那泉水具有治愈百病的功效，这让汉普斯特德成为一处著名的疗养地。后来，不断有医生和患者搬来这里居住，汉普斯特德就这样逐渐成为伦敦医疗的心脏地带。

如今，树木环绕的池塘中仍然有野鸭和天鹅戏水，水面上漂浮着落叶细枝，平静地映出岸上树木幻象般的倒影。池水算不上清澈，但每年的水质检查结果都是"良好"（very clear）。见我畏畏缩缩地下了水，一位一大早就来游泳的当地的女律师双手划着水兴奋地对我说："刚才有一只鸭子游过来啄了我的头！在大自然里和它们一起游泳的感觉真好！"

池水没有想象中冰冷，大概是身体已经活动起来的缘故吧。早晨的阳光倾泻下来，透过林中沙沙作响的新绿打在水面上闪闪发亮。据说男性专用的池塘在9点以前是可以裸泳的。水鸟也罢，人也罢，下了水便不再有所分别。

早上来这里游泳的许多都是老人。2004年时，伦敦市法团[1]曾试图禁止人们在冬季晨泳，而这遭到了一批六十多岁的退休教师的抗议，理由是管理机构无权剥夺他们随时下水的权利。这些已经坚持冬泳二十年的教师向高级法院提出了诉讼，并最终获得了胜诉。在忙碌的伦敦人看来，开始一天工作之前的池塘晨泳，就和晨跑一样是不可多得的享受。

和我一起游泳的女律师，也是因为这天上午不用出庭才得闲来这里游泳的。"汉普斯特德的水和游泳池里的水不一样，游完以后皮肤是滑的！"我俩还在更衣室里交换了对已然成为传说的水质的感动。

游泳的收费是成年人一天2英镑，算是为池塘募集了维护和管理的费用吧。如今公园管理处是这样呼吁的："要养成全年游泳

---

[1] 伦敦的老城区伦敦市的自治组织和地方政府。

的习惯，每周游 3 至 4 次，每次最少 20 到 30 分钟。"

我们身边虽然没有类似的池塘，但会冒出地下水的场所在东京至少有 26 处，比如国分寺（鹰之道）的"真姿之池"和新宿的乙女山公园。自然仍然存在于我们触手可及的地方。汉普斯特德的池塘原本也是人工挖掘出来的，东京要是有了能游泳的池塘，肯定能为人们的生活增添不少乐趣。

哪怕是为了不再受医药费摆布，我们也要主动去挖掘身边那些自然景观的价值，然后把它们融入每日的生活。这是最不需要成本的养生法，也是我们能够用这副身躯去赞颂人生的基石。这样想来，也许日本还有许多我们已经习以为常却始终没有善加利用的社会财产呢。

用生姜料理唤醒被药物削弱的免疫力

　　不知道大家发现了没有，我们的免疫力和小时候相比下降了许多，而这正在成为越来越多的人身患重症的原因。被视为日本人三大死因之一的癌症，以及艾滋病、新型流感、过敏性皮炎，各种新型疾病近年来层出不穷，不禁让人思考其中的原因。

　　研究显示，服药、手术等医疗措施，以及由预防接种导致的医源性疾病，正在破坏日本人的免疫力。

　　免疫力是我们的身体抵御外来异物的能力，免疫力下降了，说明我们的身体已无法正确识别由外部侵入的异物。

　　这让我想起以前得了感冒去看病的时候，医生会像要送我一份大礼一样，给我开出数不清的药物。这些药物直到近年才开始附带说明书，换作以前，你还得向窗口逐一询问每种药物的作用和副作用，非常麻烦。

　　可是话说回来，得个感冒而已，有必要吃那么多药吗？如果你对此感到不解，药剂师就会这样跟你说："医生就是这样诊断的，哪怕病情好转了，也要坚持把药吃完。"我虽然不是专家，但是感冒这种病，吃一天药然后注意休息，应该就能自愈吧。结果，那些吃剩的药全被我堆在了洗漱间的柜子里。

记得二十多岁的时候，我对自己的健康和免疫力毫不关心，不论身体出了什么状况，我都会做到"谨遵医嘱"。但是后来和英国人接触得多了，我发现他们是根据自己的感觉来判断自己是否健康的。受他们影响，我也变得开始相信自己的感觉了。

一如我在另一本书里写到的，如果我们特别想吃某种东西，或是特别喜欢某种味道，说明那里面一定含有我们身体所需的物质。我之所以变得相信感觉了，也是因为我在生活中发现，吃身体需要我们吃的东西，确实有助于提升免疫力——这种机制是实际存在的。

刚过四十岁那年冬天，不知为什么，我突然爱上了含有生姜的料理，比如凉拌豆腐和天妇罗。因为喜欢生姜的味道，在外面吃饭时我总忍不住点：用来搭配寿司的醋腌姜片、生姜炒肉套餐，甚至是用味噌腌制的姜片。我开始对那种咯吱咯吱的口感，还有能让舌头一麻的辣劲儿欲罢不能。现在回想起来，大概是因为搬家，再加上环境变了，导致身体有些虚弱吧。反正我在英国时就是会觉得放了生姜的东西好吃。

其实我会有这种反应也并不奇怪，含有约 400 种成分的生姜，原本就是汉方药[1] 中不可缺少的一味，日本现存的约 150 种汉方

---

[1] 日本对中药的称呼。

药中，七成都含有生姜。虽然平时得了感冒人人都说要煮生姜水，却很少有日本人知道生姜具有提高免疫力的功效。事后回想起来，每次我格外想吃生姜的时候，身体确实出现了要生病和免疫力下降的征兆。

大约也是在那一年，我在英国湖区发现了一家专门制作生姜面包的老店。他们家的生姜面包是用生姜、砂糖和各种香辛料混合在一起做成的，有点像蛋糕，非常受欢迎。这家名叫"格拉斯米尔面包店"的老店始创于1854年，创始人莎拉·尼尔森从一个摊位起家，向游客们出售用原创配方做成的姜汁面包。维多利亚时期，大量来自美洲和印度的香料由阳光明媚的坎布里亚进入英国，这家店的秘密配方便是在这一背景下被开发出来的。

彼时在中世纪，黑死病夺去了无数伦敦市民的生命，据说当时有少部分人因为食用生姜幸免于难。有观点认为，正是因为当时国王亨利八世倡导国民食用生姜，今天的英国人才保留了吃生姜面包的传统。

我也赶紧买了一块尝尝。混合了浓郁香料和砂糖的厚重口感，与水果蛋糕颇有些相似。我拿它当早餐，代替平时吃的吐司，结果吃了好几天才吃完，而且每次都要就着它喝下好几杯红茶。那时候为了工作天天漂在外面，能够持续提供饱腹感的这款生姜面包，成了我不可多得的应急口粮。

当地一位常在家里制作生姜面包的主妇告诉我："吃生姜不但

能助消化，还能预防流感。在英国，得了感冒要吃咖喱，而且要多放香辛料，用来发汗。我们家会在咖喱里面放好多炒生姜。"她见我随身带着旅行装的管装姜末，就羡慕地说："这个方便啊，有了它就能随时喝到生姜红茶了。"

说英国的事，红茶是避不开的话题。在星巴克之类的咖啡连锁店已然成为主流的今天，英国人每天仍然能喝掉 1.65 亿杯红茶。红茶中含有大量普遍存在于植物中的多酚，调查显示，每天喝三杯红茶即可降低患心脏病和脑卒中的风险。而只需在红茶中加入生姜，一杯有益健康的生姜红茶就做好了。由此可见，增强免疫力并不难，稍微花点心思就能做到。

话说回来，怎样才能知道自己的免疫力是否合格呢？有个很简单的方法，就是看头发是否有光泽，如果能看到"天使光环"，就说明没问题。此外也可以从皮肤是否紧致有光泽、眼睛是否明亮来判断。

"看看孩子们的头发吧，能看到一圈天使光环对不对？说明他们的免疫力是足够高的。"一位英国的治疗师这样告诉我。她还说，病原菌并非来自外部环境，而是人体内积聚的毒素扩散了。

"所以，为了清除身体里的毒素，不管是通过排泄，还是通过流泪，我们需要做的就是不断将体内的淤积物排出体外。想呕吐的时候就要呕吐，需要发热的时候就要让身体发热。发热就好比身体赶走病毒时产生的摩擦热，不需要刻意吃退烧药让体温下降。

这样一来，免疫力自然而然就能提升，也能在身体需要的时候及时发挥作用。"

有数据显示，全世界在售的流感特效药"达菲"，约有一半是被日本人消费掉的，再加上不必要的预防接种和服药，究竟该怎样做才能使我们的免疫力不受伤害呢？这已然成了一个值得深思的问题。

在英国，如果家里的孩子相继得了流感，母亲就会在卫生间、孩子的房间、起居室和主卧里喷洒薰衣草精油，以防止丈夫和自己也被传染。这是因为薰衣草精油具有很强的抗菌作用。"如果不想依赖服用后可能致幻的达菲，就要用薰衣草来抑制病毒扩散。精油会在室内气化，吸入体内就不会得流感了。"

不仅如此，英国人还会在温过的白兰地中加入新鲜的姜末和蜂蜜，自制成可以提高免疫力的营养饮品。

听了这位治疗师的话，我不由想起了曾经在黑暗的中世纪掀起的猎杀女巫的风潮。修道院的僧侣们为了独占药草知识，便诬蔑善用草药的女人们是女巫并进行镇压。而当时的医疗人员，包括那些私自行医的人在内，公然使用的却是放血这类未开化的治疗方法。顺带一提，当时为患者施行放血的，正是拥有"放血师"这一别称的理发师。如今摆在理发店门前象征动脉、静脉和纱布的红蓝白旋转招牌，就是由此而来的。

如此背景下，瑞士的医生兼炼金术士帕拉采尔苏斯，开始宣传那些生长在人们身边的药草的功效。受其影响，当时的英国国王亨利七世决定授予正规的药草师们行医资格。待到19世纪时，价格低廉的药草已经在劳动阶层中得到普及。

对贫苦百姓来说，生长在附近山野里的药草就是他们的救命良药。英国人的这种生存之道，无疑是值得饱受医药费和药物副作用之苦的日本人好好反思的。

英国有句俗语，"笑是最好的解药"。一个人在感到幸福时，全身的细胞会被激活。这样看来，"大笑瑜伽"最近能够成为热点话题，也是不无道理的。

为了不让医药费成为生活的负担，也为了检讨过往的生活方式，希望我们每个人都能从身边的自然中汲取力量，让我们与生俱来的免疫力不受伤害。

第 7 章

省钱又省时的简单英式料理

☕ 买一点好吃的东西，享受一个人的进餐时间

英国人来到日本，总要在商场的地下一层、车站里的饮食街，或是大超市的副食柜台前发出一声感叹。

"寿司、天妇罗、中餐、沙拉、便当，种类这么丰富还卖得这么便宜，太厉害了！"

他们会因为这种事大声感叹不是没有道理的。

在英国，超市里也有和日本类似的副食柜台，但规模要小得多，而且那些所谓的"现成饭"大都是冷冻食品。如果去哈洛德这类商场的食品区买熟食，一盒千层面或一个三明治就要小 800 日元。中餐外带的一盒"炒面"，类似于加了蔬菜的炒荞麦面，要将近 1000 日元。传统英式快餐的炸鱼薯条，平均价格也要 3.35 英镑，相比在日本花 100 日元就能买到一个饭团，实在不是能经常买来吃的价格。因此，就算想靠吃"现成的"过日子，也会因为价格太高、菜色太少而让期望落空。

所以在英国人看来，日本商场里的食品区，就是比秋叶原和

筑地[1]还要值得一去的"隐藏"观光点。前不久，刚好有一批来日访问的剑桥学者提出要去新宿和伊势丹的食品店看看，我就领着他们去了，结果一行人个个兴奋地直呼"太棒了！"，到处搜刮寿司和烤鸡肉串。

都说日本菜的市场竞争力天下无敌，特别是可以现买现吃的副食，过分的廉价和美味甚至让人觉得，只有脑子有问题的人才会自己做饭。

我身边的独居老人，几乎都是靠附近便利店里的便当解决吃饭问题的。甚至有人会开着移动餐车，去那些人口较少的村子里倒卖便利店的饭团和赞岐乌冬——这被当作一种新兴产业出现在新闻里。

可是，这种过度依赖外卖的生活方式真的好吗？这些食物中用于延长保质期的添加剂和过重的调味料，怎么看对老年人来说都是无益的。吃惯了这些东西，味觉会变得迟钝，会觉得家里的饭菜没有味道，时间长了只会让人越来越不想做饭。

既然如此，不如只保留日本作为副食大国的优势，把那些美味的副食当作日常饮食的点缀来看待，这种做法是否可行呢？

在英国，很多老人在丧偶后仍然坚持自己下厨，通过和他们

---

[1] 日本东京的两个著名商圈。

一起吃饭我发现，他们也会买那些只能在店里吃到的"好吃的"，但每次只买一点，作为日常生活的调味剂。有个靠退休金生活、住在兰开夏的女士，住在伦敦郊外丈夫留下的小屋里，虽然不用担心房租问题，但收入有限，一直过着俭朴的生活。

她平时的一大乐趣，就是买一点自己喜欢吃的东西，当作饭后零食。这天晚上我在她家吃过饭，正在看电视，她拿着一盘盛在脆片上的兔肉饼走过来，说："这是我在玛莎百货买的，没多少，就着葡萄酒吃吧。"这款500日元左右的小零食是她的最爱，也是她独自生活才能享受的奢侈品。有时候，她用过朴素的晚饭，会去钟爱的面包店买一块好吃的蛋糕，而这足以让她饭后的晚间时光充满快乐。

她生于战前，在伦敦经历了世界上最疯狂的物价上涨，当英国人致力于把全世界的美食带到英国时，她的生活却一成不变。存款足够她靠外食过活，但那些好吃的东西她每次都买得很少，并满足于平时朴素的饮食生活。

我还认识这样一个英国女人，六十多岁，一个人住在利物浦的公租房里。丈夫死后，她没有心思吃饭，也没有心思做饭，有好几年时间全靠外卖比萨和冷冻食品果腹。

有一天，住在楼上的七十多岁的主妇找到她，说"饭做多了，不介意的话一起吃吧"，然后拿给她一份用土豆泥和肉馅做成的牧羊人派。时隔多年再次尝到的家的味道，勾起了她婚后的幸福回忆，也把她重新拉进了厨房。

在那之后，每当她做了拿手好菜，都会送一份给在附近独居的人。我们常认为这种与人分享的习惯是日本人特有的，奉行个人主义的英国人没有这种文化底色。但实际上，在随处可见独居老人的英国社会里，邻里之间通过一日三餐结成互助关系是非常有必要的。

这与英国人的生活习惯有关：他们会集中采购大量食物，然后存放在每家每户必备的大号冰箱里。

在英国，不论是肉类、土豆，还是食用油，任何食物都是买得越多越划算。哪怕是洗涤剂之类的日用品、啤酒和矿泉水，最常见的销售方式也是多买多得，"买一包送一个"。在超市里与其只买一盒肉、一袋饼干，一次买一整块肉和三盒饼干的价格要划算得多。但是相对的，如果你是一个人住，一次买不了多少东西的话，就很不划算了。所以买的时候最好几个人一起去买，吃的时候也要大家一起分享。

这种有趣的生活方式和互助形式，不禁让人想起了英国在战争时期颁布的针对企业和社区的粮食管理政策。英政府为了不让国民挨饿，规定雇员超过 250 人的企业有义务设立食堂，于是全国有超过 1 万家工厂都开办了员工食堂。不仅如此，当时的首相丘吉尔还在英国各地设立了两千多处名为"英国餐厅"（English Restaurant）的食品供给中心，以每人 1 先令的价格为居民提供

"有营养又有温度的饭菜"，以便让人们从战争的漩涡中生存下来。如今扎根于当代英国社会的互助文化，正是这种居民之间相互扶持、挨过困苦时期的"英国餐厅"精神的延续。

公租房里的居民们会互相分享自己的拿手好菜，会搭乘朋友或亲戚的车去采购，一起出钱把必要的东西买回来，再分给每一个人。如此省下来的开支，可以让他们不时享受一下价格稍高的上等奶酪和烟熏三文鱼。

这种就连吃饭和采购也需要人与人相互合作的生活，大概只有脱离了家人陪伴，真正变成孤身一人的时候才能体会到吧。

有一位丈夫已故，独自生活在首都圈内的六十多岁的女性作家，平时身兼数职，一手包办了从公司经营到电视出镜、取材、组稿等各个环节的工作。她在一次对谈中告诉我，她的三餐就是靠公寓里的邻居"接济"的。

赶上在家办公的日子，她就把碗交给邻家太太，对方会给她盛好饭菜后再端回来。

"我的丈夫在报社上班，我知道你有多忙。没关系的，只要我还能做饭，就不会让你没有饭吃。"那位太太说看在邻居的情分上也要管她饭吃。虽说这肯定是她们平时互通有无的结果，不过说起来还是挺让人羡慕的。

日子不算宽裕的情况下，如果能在吃饭问题上互相拉扯一把，省下来的钱就能买一点自己喜欢的东西。不必凡事都迎合家人的喜好，一个人生活的幸福时光就隐藏在这样的点滴之中。

不想做饭的时候就吃不花钱的"存粮"

我曾目睹这样的场面，出嫁的女儿冲着终于能开始二人生活的父母翻来覆去地唠叨："记得一定要好好吃饭！绝对不许用速冻食品和袋装味噌汤凑合！"面对女儿说教般的叮嘱，六十多岁的母亲缩了缩脖子。好不容易不用做饭了，可以随心所欲了，却被女儿警告说不好好吃饭就是找病，心里一定很不是滋味吧。

多年来，擅长厨艺的母亲每天都要准备一大桌子菜，多亏了这桌饭菜，一家人从来都是健健康康的。这种生活一直持续到家里的老三，也就是女儿出嫁的那一天。

就像我在另一本书里写到的，我从还是单亲母亲的时候到现在，从未停止过工作，所以没有时间做饭。话虽如此，我在经济上也没有阔绰到可以天天买现成的食物吃的地步。

二十多岁的时候，我的月收入只有 15 万左右，不可能花太多钱在吃饭上。我给自己制定的预算是"每周算上在外用餐，最多花 1 万"。为了守住开支，我会尽可能使用时令蔬菜和便宜的豆制品做出朴素又经济的饭菜。说起来，这招还是我从英国学来的。

总务省发布的"日本 2011 年度家庭开支调查"显示，户主年龄为四五十岁的日本家庭，月平均饮食开支超过 7 万日元。而在英国，由于主要食品价格在 2011 年间上涨了 10%，英国人决心发扬他们骨子里的勤俭精神，向新环境下的饮食生活发起挑战。我认为他们的做法中有很多值得我们学习的东西。

我有一位在日本的商务公司里任职的英国朋友，那年赶上她要回国探望退休的父母，我便提出想顺道和她一起回去。她父母是剑桥郡一处小村庄里的农户，住在一栋建于 14 世纪的石造房屋里。在房子四周，水松张开繁茂的枝条，营造出历史建筑特有的风情。

我们是半夜到的，进屋以后就在用储藏室加隔板改造成的客房里休息。我俩各躺在一张颇有年代感的床上，那两张床，据说是她喜爱古董的母亲从附近修道院里收来的，修磨以后品相极好。

"明天早上起来，你就能吃到我妈特制的早餐了。"朋友说。到底能吃到什么好东西呢？这让已经被她家房子震撼到的我心里充满了期待。因为从房间里装饰物的品位来看——比如边桌上毛绒打卷儿的泰迪熊、墙上老照片色调的风景画——她母亲应该是个善于操持家务的知识女性。

第二天一早来到餐厅，只见桌子上的藤筐里盛着名叫"bun"的小圆面包，据说是村里面包店手艺特别好的大娘早上 5 点钟起来烤的。一旁的漂亮玻璃杯里装着自家做的黑加仑果酱，还有当地产的有机黄油。

朋友的母亲将雪纺上衣像羽毛一样披在身上，笑着向马克杯里倒入浓郁的奶茶。我望着这位和我想象中一模一样的美丽母亲，心中不由产生疑问：特制早餐，该不会只有这些吧？

"能吃到她做的世界上最好的黑加仑果酱，你很幸运哦！"我的朋友和她的父亲都没有察觉到我的疑惑，只顾称赞着这顿既没有煎蛋也没有酸奶的早饭。

朋友告诉我，每年到了初夏，她母亲都会"迫不及待"地去村子里的废墟周围转悠，花几天时间把树篱上丛生的黑加仑成筐地采回来。黑加仑富含多酚胜过蓝莓，中世纪时曾被视为缓解发热的宝贵药材，而在蔬菜短缺的冬季，人们也要靠它来补充维生素 C 和铁元素。这种在日本能卖出高价的浆果，在英国却是成片生长在河堤和树篱上的不要钱的果子。尤其是不要钱这一点，非常让人羡慕。

在朋友的推荐下，我拿起略带咸味的朴素面包，将黄油和含有整颗果实的浓稠果酱层层涂抹上去。一口咬下去，黄油的甜味和酸甜发涩的果酱完美契合，令松软的面包无比美味，回过神来我已经吃下三个了。

"每天早上急着起床，就是因为能吃到这个。只要有了她做的果酱，面包黄油什么的都好说。怎么样？花不了几个钱，但味道很不一般吧？"

朋友的父亲这样说着，一定要让我朝厨房里的食物储藏库看看，只见一个个装着果酱的玻璃瓶，把那里堆得满满当当。要想把这些天然果实一点不糟蹋地全部吃光，要么趁着成熟的时候有多少吃多少，要么就要像这样，把它们制成存粮贮藏起来。

有报道说，受食品涨价影响，园艺大国英国的居民们如今三个人当中就有一个人在自家菜园里种植番茄、菜花、土豆等蔬菜，或是苹果之类的水果。哪怕是在城市里生活，住在联排别墅里的人们也会在他们引以为傲的被称为"鳗鱼的睡床"的狭长后院的一角，发挥园艺本领种植蔬菜并享用丰收的成果，以这种自给自足的方式补贴家用。据说就连市营的出租菜园也出现了被瓜分一空的盛况。将后院和出租菜园里出产的扁豆、番茄、菜花等时令蔬菜处理后保存起来，这种习俗在英国，不，在整个欧洲都是人们饮食生活中不可割舍的一部分。这样说来，波兰人也会以家庭为单位，在夏季从菜园里采摘成堆的新鲜番茄，再把它们做成许许多多瓶番茄酱。有了这一大溜红瓶子摆在食物储藏库里，未来一年不论是做意大利面还是做汤都不用发愁了。

还有俄罗斯的劳动者们，因为吃过长年食物匮乏的苦，周末时他们会举家前往名叫"达恰"[1]的附带菜园的郊外别墅，种植土豆、番茄、黄瓜和苹果，并在冬季来临前将这些作物制成大量的果酱和泡菜。正是这种卓越的自给自足能力，让他们可以在遭遇

---

[1] 俄语音译，俄罗斯的一种城郊小木屋。

粮食危机和通货膨胀时从容应对。

在日本，食品价格上涨同样引发了一股家庭菜园热潮。人们争相申购附带菜园的公寓，除了省钱外，恐怕也是为了能收获到既安全又美味的作物。

一日三餐中如果能有一两顿靠储藏食品解决，那么不但不需要花钱，还省去了从头做一顿正餐的工夫。提前给懒得做饭的时候留一条后路，这与其说是偷懒，不如说是生活的智慧。万一哪天觉得身体不舒服了，也可以让自己有现成饭吃。

"我希望家人们能每天吃到我做的饭，不想让他们晚饭顿顿吃买来的东西。"

在加的夫和丈夫经营服装店的女人这样说道。哪怕再忙，她也坚持"每天至少有一顿饭吃自己做的"。

这天的晚饭是用烤箱烤土豆，然后在热腾腾的土豆上面抹上黄油，做成夹克土豆（jacket potato）。土豆是她从认识的农民那里成袋买来的，盛在土豆上面的配菜则是她自己腌制的小洋葱和煮鸡蛋切片。我一边吹着热土豆，一边品味着浓稠欲滴的黄油和咯吱咯吱的泡菜交融在一起的味道，不一会儿就吃下了两个。吃完这道家常夹克土豆，她端来了饭后甜品。我印象很深，那是市面上卖的冰激凌。家庭装的大约 500 日元，她平常和丈夫一起吃，或者拿来招待客人，能吃一个星期，非常划算。

所谓生活的智慧，并不是要我们在每件事上都用尽全力，而是就算在家务上给自己松了绑，也不至于因为懒散而让生活一塌糊涂。

记得一次去东京青梅市山坳里的村落取材时，我走错了路，途中到一户农民家里避雨。一个人生活的阿婆一边念叨着"来吃午饭"，一边招呼坐在廊子里的我进屋去。我以为她要盛一碗刚做好的米饭给我，她却从厨房柜子里拿出腌薤头、腌黄瓜等一堆小菜，一碟碟摆在我面前。其中一道装在密封容器里的油炒紫苏特别好吃，我记得自己当时在那间房体已经开始倾斜的居室里满足地说："啊，我向往的就是这样一顿饭啊！"

曾有段时间因为小麦涨价，搞得我每次去买面包和意面，眼睛盯着价签时都感觉自己吃的不是面食而是在吃亏。如今随着更多的人开始重新认识到吃大米的好处，我不禁想起了那次在青梅吃到的泡菜和小菜。节约饮食开支的方法大概就藏在那顿饭里吧。后来某天夜里打开电视，购物节目中介绍的正是能够轻松腌制煮鸡蛋和时令蔬菜的"米糠腌菜用具"，据说那套东西已经成了爆款。

准备好一道拿手好菜，剩下的都可以买现成的。用买来的副食搭配上用时令蔬菜做成的储存食品，这样一顿简单的饭菜吃得放心又特别实惠。关键是，今后再也不用因为"不能不做饭"而纠结了。当做饭这件事变成了"考虑怎么给粗茶淡饭升级"，还有谁会不爱做饭呢？

☕ 酒吧和家庭里的常备菜，英国蔬菜汤

　　说到这里，我想起了辰巳芳子[1]女士出版于 2002 年的畅销书《为了你——支撑起生命的汤》。身为料理家的作者为照顾病榻上有吞咽障碍的父亲，在长达八年的时间里坚持为他熬汤。食材里含有的矿物质、蛋白质、氨基酸和维生素经高温炖煮溶入汤中，宛如母乳，令消化能力极弱的人也能摄入丰富的营养物质。

　　说起来，我们在感到极度疲惫时，确实会像想吃甜食那样，对汤羹充满渴望。我因为舌头怕烫，一直以来对汤和汤菜没什么兴趣，不过随着年纪越来越大，肉吃得越来越少，相比吃固体食物，我变得更爱喝汤了，也渐渐能够体会到味噌汤和面汤的美味之处。

　　恰好在那些年，我结识了一位在苏格兰海边的村庄里过着独居生活的老妇人。老妇人七十多岁了，她跟我说，简单厨艺的诀窍不是看你会做多少道菜，而是看你能做多少道汤。在她家喝到的汤的味道，我至今难忘。

　　这道备受终日劳作的高地农夫们喜爱的蔬菜汤名叫"蔬菜肉

------

[1] 日本著名料理研究家，被称为"高汤之神"。

汤"（vegetable broth），是苏格兰广为流传的一道传统汤菜，所用食材包括胡萝卜、洋葱、白芜菁、大葱、西芹等蔬菜和大麦。

做法很简单。首先在锅里融化黄油，然后将所有蔬菜下锅，盖上锅盖，一边摇锅一边让黄油与蔬菜充分混合，同时将蔬菜焖熟。5分钟后倒入肉汤，最后放入大麦，改成小火慢炖一个半小时，等大麦变软后撒上欧芹末和香葱等香草就可以上桌了。

如果打算做一次吃好几天，可以在周日一早起来就开煮，用烤箱的"低温挡"一直"咕嘟"到晚上六点。像这样花一整天熬出来的汤，蔬菜和大麦里的精华已被全部释放出来，并且能够做出英国人喜欢的被称为"不用嚼的汤"（drinking soup）的稠度刚刚好的口感。

这位曾在爱丁堡的语言学校里教授英语的老妇人，如今仍在以兼职的形式教附近村庄里的移民子女们说英语。如果回家晚了，她就把剩下的汤热一热，就着在名叫"班诺克"（bannock）的铁板上烤好的面包一起吃。家里常备着这样一大锅汤，遇到突然有人来串门的时候也不用急着做饭，而且对于肠胃原本就不好的这位老妇人来说，晚饭吃汤的话即使马上就寝也不会给身体造成负担，因此可以放心地吃。

蔬菜被切碎煮透后，几乎没了魂，但沉在碗底的大麦还是一粒一粒的。大麦不仅能为汤汁增添谷物的甜味，而且富含维生素，还不会被煮烂。据说有的人家在熬汤时还会和大麦一起放入名叫"lentil"的小扁豆。

这种汤一如前面提到的，是劳动人民的主食，虽然看起来清淡，但由于含有大量从鸡骨头里熬出来的精华，舀起一勺放进嘴里，顿时能感受到其浓郁的风味。

自从结识了这位老妇人，每当我想要处理冰箱里剩的蔬菜时——哪怕是在日本的时候——我就会拿一口大锅把那些菜全"咕嘟"了，做成一锅蔬菜肉汤。冬天时直接把整个汤锅放进冰箱里冷藏，不但够我吃好几天，每次重新加热还能让汤变得更浓更好吃。

20世纪70年代初，快餐巨头肯德基和麦当劳开始入驻英国，虽说当时的英国人早已沦为炸鱼薯条的俘虏，但是对六七十岁的老年人来说，每天下厨做好三顿饭仍然是他们理所当然的生活方式。特别是做汤，汤就是英国人心中最经济、最家常的那道必不可少的料理。

哪怕是在高街的熟食店和面包店里，也能以一杯一英镑（约合210日元）的价格买到外带的汤品。如果去超市里的罐头货架上看看，你就会发现那里摆满了各种在日本见不到的约合100日元一罐的罐头汤。从最普通最便宜的"番茄奶油汤"到"蔬菜肉汤"，品牌从"坎贝尔"（Campbell's）和"亨氏"（Heinz）到英国王室御用的"巴克斯特"（Baxters），货品种类在50种以上。

第一次世界大战后，罐头作为军需食品在英国得到普及。不到十年时间，罐头生产厂商就由20世纪20年代最初的3家猛增到了80多家。胡萝卜、西芹、豆类，几乎所有常吃的蔬菜都能买到相应的罐头产品。进而在第二次世界大战期间，更是出现了专门教人"如何用罐头做饭"的菜谱。再到 60 年代时，起源于两次世界大战的罐头汤品甚至一跃成为家庭餐桌上的主菜。

在英国，几乎每家酒馆里都有一道名为"今日一汤"（the soup of the day）的招牌菜。菜单上，以马铃薯加大葱或花椰菜等蔬菜为主料的汤品每天变换花样，搭配佐餐面包食用。过去价格只相当于一份盒饭的酒馆午餐，如今和饮料一起点的话居然要小 2000 日元，相比之下，午饭吃汤的话大约只要 400 日元。汤里不但有时令蔬菜，而且更容易被疲劳的身体消化吸收，如果你期望午餐可以速战速决，这种比千层面和肉菜更实惠的"今日一汤"无疑是最佳选择。

说起来，在包括英国在内的欧洲各地，做汤这件事原本就是把肉类、蔬菜和面包一起煮成类似粥的稀饭。中世纪时，一个村子里各家作为主食的面包，都是在一个公用的窑里集体烤出来的。由于欧洲气候寒冷、土地贫瘠，老百姓很少有机会吃到新鲜出炉的暄软的白面包，吃用黑麦和燕麦做成的黑面包才是常态。

本来就又艮又硬的黑面包，放久了就会变得像石头一样。为了能守着一大块这样的面包挨过好几天，一道汤菜就成了百姓餐桌上不可或缺的料理。

出版于维多利亚时期的畅销书，比顿夫人的家政著作中有一篇题为"在最需要精打细算的时候"的附录，其中就介绍了一道名叫"面包汤"的料理。在汤里加入面包和黄油，煮 30 分钟，最后用食盐调味——这道与粥相似的料理，口感应该不会和婴儿离乳期的辅食相差太远。可见在口腹之欲普遍无法得到满足的当时，正是这样的汤菜支撑起了人们简陋的饮食生活。

我们日常能接触到的料理中，有油炸食品这种一定要现做现吃的，也有关东煮和咖喱这种越放越有滋味的。如果不想多花工夫，又想让每天的餐桌丰盛起来，家里常备一些炖煮料理是不二之选。一次做上一大锅，能吃好几天，不但节约了伙食费，也更适合不需要摄入过多热量的中老年人食用。

用废弃的食材做菜能有多厉害？

　　如今在日本，冰箱的普及反而让人养成了一种本末倒置的不良饮食习惯。赶上特价就疯狂囤货，然后一股脑塞进冰箱，觉得这样就踏实了，结果等到想起来的时候已经过期了，变质了，再舍不得也得扔掉——类似的事情想必所有人都经历过吧。非要等到放坏了才想起来"应该吃掉"，仿佛故意要等食物不新鲜了才肯吃一样。

　　每次听说这种事，侨居在日本的一位英国主妇都会皱着眉头说日本人太浪费了。

　　"就因为家里多了一台大冰箱，人反而突然变得不会吃了。如果觉得有了冰箱就可以心安理得地囤货，日本人早晚有一天会连'吃新鲜的'是什么感觉都想不起来的。"

　　相比"食品涨价后店里不卖黄油了"，或是"连面包也开始涨价了"，这位平时喜欢教邻居做面包的英国太太和我谈的更多的是"为什么日本人对食物管理如此不上心"。

　　问题还不止这些。前一阵我看报纸上说，日本虽然一直自称粮食自给率不足，但卷心菜等蔬菜却因为产能过剩，导致收购价格相比往年下降了70%，不得不用卡车碾压销毁掉多余的收成。这样的消息简直令人难以置信。虽然在批判"浪费"的声音中出台了将多余的蔬菜捐给福利设施或用于堆肥的制度，但部分无人接盘的收成仍然会像往常那样惨遭丢弃。

发展中国家的人民正在忍受饥饿之苦，发达国家的人却在琢磨着如何解决肥胖以及其他由不良生活习惯引起的疾病。这样的现实不禁让人感慨：为何文明如此进步，食物分配不均的问题却始终有增无减呢！

即使在日本国内，贫富差距的扩大也使得部分国民无法依靠低保生活，甚至出现了饿死人的情况，且这就是不久前仍在上演的事情。吃不上饭并非只是远在非洲的情况。

近年来，纽约人开展了一场将超市丢弃的大量食物捡回家吃的"免费素食主义运动"（freegan）。由"免费"（free）和"素食主义者"（vegan）这两个关键词结合而成的这场运动，主旨在于脱离会滋生浪费的消费型社会，依靠捡拾别人丢弃的食物生活。其最发人深思的一点就在于，大约500名加入运动的"免费素食主义者"全部为普通市民——如商务人士和教师——而并非无家可归的乞讨者。他们以"杜绝浪费"为宗旨群聚在垃圾场里，将别人不要的蔬菜、饮料和甜点带回家当作日常的口粮。

有数据显示，美国每年有超过4300万吨食物沦为垃圾，这一数字占到了食物总产量的四分之一。不止美国，英国每年也有720

万吨食物被丢弃，相当于英国人食品消费量的三分之一，其中有100万吨甚至根本没有开封。

令人倍感矛盾的是，正是这些发达国家，一边丢弃或用卡车销毁完全可以食用的东西，一边又大肆宣扬环保。

多年前，我曾和一个英国女人一起在苏格兰旅行，对方是位熏香治疗师，当时正在学习茶道。身为一名资深的背包客，她的原则就是绝对不在酒店住宿。相应地，她会寻找适宜的海岸或草原搭设帐篷，享受尽量不花钱的旅行。

她虽然不是一位免费素食主义者，但会在晚饭时间前往村里的酒馆，点一品脱[1]麦芽酒，边喝边对吧台里的招待说："如果有需要处理的食物，我愿意收购。"就这样，她有时候会花1英镑，有时候则干脆不花钱，就领到了做多的薯条和卖剩下的法式咸派（quiche）。每当这种时候，我就在一旁冷冷地看着，心想，都这么大人了，又不是没有正常的收入。现在回想起来，我觉得这个精通环境问题的女人应该是有她自己的想法吧。她曾去非洲做志愿者，而她常挂在嘴边的一句话同样是"杜绝浪费"。

在东京丸之内[2]一家大型贸易公司上班的一位朋友最近高兴地跟我说："职工食堂给的米饭变少了。"我以为她在节食，但据说

---

[1] 一品脱约为568.26毫升。

[2] 日本有名的商业街。

是她们公司的食堂正在搞一项名叫"二人餐桌"（Table for Two）的活动：通过提供低热量的餐品，将差价捐给发展中国家的学生食堂。

米饭换成低热量的小碗后，20日元差价将通过联合国世界粮食计划署捐给发展中国家，在那里，一个学生吃一顿饭的费用大约就是20日元，而对我们来说，不过是稍微降低一点午餐的热量标准。"二人餐桌"的概念据说是日本的一位年轻带头人在世界经济论坛"达沃斯论坛"上提出来的，之后在企业间得到了推广。只要稍微想想办法，就能将过剩的食物送到需要的人手中。一个普通人通过感悟生活获得的智慧，有时真的比政治家们的政策还要伟大。

我在英国的时候读过很多他们的烹饪书，里面经常会介绍一些利用剩菜残羹制作料理的菜谱。比如在上一篇提到过的比顿夫人的大部头著作里，就记载了许多类似于"用吃剩的火鸡做汤"这种杜绝浪费的菜谱。

说到节俭，在好吃鸡、牛、羊肉的英国，比起买超市里的盒装肉，直接买一整块被他们叫作"joint"的大肉要划算很多。家家户户之所以喜欢将整块肉放进烤箱烘烤，除了省事外，也是因为这样料理更省钱。唯一难办的，就是如果你是独居或只有两人过，怎么才能把肉吃完。以残羹剩饭为原料的菜谱能够代代相传，原因就在于此吧。

"一个住的时候最常吃的就是烤鸡肉。因为鸡肉最便宜，热量也最低，用来做三明治或做汤都很方便。"

话说在 19 世纪的英国，随着城市化进程的加快，大片的住宅区沦为卫生条件恶劣的贫民窟，二三十岁就死于非命的人不断增加。另一方面，虽然也有鳗鱼、碎肉等廉价的高营养食物，但由于劳动者们不懂得烹饪，这些食材始终被丢弃在不卫生的环境中，而这被认为是居民营养状况恶化和风寒蔓延的原因之一。

于是，医生和志愿者们开始以家访的形式教授居民如何利用碎肉炖菜和做鱼。英国政府也于 1882 年将烹饪列为扶持事业，并设立了专门的烹饪学科。在那个时代，碎肉之类的"剩余食材"是人们改善伙食的重要物质基础。

在英国北部的利兹，有个在图书馆里做管理员的女人，她一个人生活，经常在周六做烤鸡，在周日吃鸡肉三明治。

如果哪天吃烤肉了，第二天就吃冷掉的肉。她会在第二天把剩下的烤肉随手做成一道沙拉或是三明治。偶尔，她也会把吃剩的卷心菜、胡萝卜和土豆用平底锅煎成类似大阪烧的菜饼 "Bubble & Squeak" [1]，然后就着上次吃剩的肉吃，或是把凉掉的烤牛肉切成薄片，和吃剩的炖菜、洋葱一起放进肉汤，煮成一锅 "Inky

---

[1] 经典英国菜，主要原料是土豆和卷心菜。

Pinky"[1]。

还有一位住在北爱尔兰贝尔法斯特郊外的老妇人，她虽然过着富裕的中产生活，却表示"不愿意丢掉任何还能吃的东西"，把吃剩饭当成一件天经地义的事。这种习惯与其说是节俭，不如说是一种对食物的爱的表达——当你能看懂她时，就会感到有股幸福的东西从她身上传递过来。

她的院子里可以采到橘子和柠檬等柑橘属果实，因为不舍得扔掉果皮，她会用烤箱的余热将果皮烤干，然后在闲暇时用磨豆机搅碎，和细砂糖混在一起制成橘皮糖（orange sugar）。只需撒上一点，这种香气浓郁的砂糖就能赋予新鲜出炉的吐司和司康饼不逊于高级西点的橘子香味和别致的甜度。虽然看似简单，但若不是拥有一双能够静心看待饮食生活的眼睛，恐怕是想不出这种点子的。

食品价格在今后也许还会上涨，而我们能做的大概就像"二人餐桌"提示的那样，少买一点，少做一点，杜绝浪费，用新的饮食习惯去适应大环境的变化。

---

[1] 苏格兰传统炖菜。

第 8 章

告别亲人以后，
和可以信赖的外人续写人生

有七成老年男性和女性一起生活

说起来，我自己的人生已经过半了。

日本女性的平均寿命是 85.9 岁，假如我能活到那个岁数，那么我眼下正好处在人生的中间位置。虽说离终老还很遥远，但如果在父母死后，丈夫和女儿也离我而去，我就真的要举目无亲了。到时候我该怎么办呢？最近我突然思考起了这个问题。

在这世上，有人觉得一个人过才叫轻松惬意，也有人天生就喜欢和别人一起生活，我明显属于后者。不管是出去吃饭还是外出旅行，我一定要和别人一起行动——不一定是恋人或配偶，也不限性别和年龄，只要是能交心的人——才能放下心来，去享受这段时光。这种倾向随着年龄的增长越发强烈，虽然我总是提醒自己不可以过分依赖身边的人，但是每当看到"独居"或是"孤独死"这类字眼时，心里还是不免会打个冷战。

据厚生劳动省预测，到 2035 年时，日本的独居人口（由个人构成的家庭单位）将达到 1845 万，占家庭总户数的 37.2%。这一数据的背后，是独居老人的连年增多，2010 年时，该群体的数量已逼近 500 万人。若只看独居老人，女性是要占多一半的，但若去关注"孤独死"这个群体，就会发现其中不只有老人，还有在团块世代前后出生的 55 至 65 岁的中老年男性。他们的死因有很多种，比如脑卒中和自杀。由于疏于跟邻里交流，长年按自己的步调生活，他们在死后往往不会被及时发现。

孤独死，这恐怕是我们最不愿面对的晚年生活写照之一了。无人知晓地，默默地，独自在家里停止呼吸。"我的日子不多了，到时候还得麻烦你啊。"年迈的父母会半开玩笑地这样对子女说，想必是担心自己会孤独面对人生的终点吧。

借用一些著名的心理咨询师和精神科医生的话来说，我们每个人最终都会活成自己期望的样子。人在年轻时总是忘我地只顾抓住眼前的欲望，但是在人生走进下半场后，如果不能发展出"今后想要这样生活"的愿景，就会像一艘随时可能沉没于海上风暴的小船，面对跌宕变化的环境毫无招架之力。自己想要和谁、在哪里一起生活，虽然眼下还看不到结果，但是至少你要知道，和孩子、家人相依为命并非人生的唯一解法。有时候，幸福生活会发生在意想不到的两个人之间。在这里，我想讲一讲我在英国见到的一位老绅士并不孤单的晚年生活。

从伦敦出发乘坐一小时轻轨，来到因奥特莱斯而闻名的斯温顿，这里有一栋坚固的维多利亚式两层小楼（外加地下一层），一位年轻时曾是工程师的老绅士住在里面。他把与他人的同栖生活过成了我理想中的样子。

四十多岁离婚后一直和猫咪同住的这位老人，在机缘巧合下迎来了一位与他年龄相差甚远的女性"同居者"。对方只有四十来岁，是他一位同辈堂亲的侄女，他们只在某一年的圣诞节见过面，说起来几乎和陌生人无异。那么，他为何要跟这样一个"姑娘"同住呢？我忍不住想一探究竟，于是拜访了这位身材高大、灰头发、蓄着胡子，我叫他"叔叔"的老绅士。叔叔十分健谈，而且讲话幽默。

　　"她在亚洲'穷游'了好多年，后来回到斯温顿的时候，她父母已经不在了，她也没有地方住。我从别人那里听说了她的情况，正好我这里有的是空屋子，就问她要不要买下地上那两层。当时她刚回国，手头没钱，就跟我说，叔叔，我拿不出30万英镑那么多钱，但是我可以付房租，能不能让我和你一起住。"

　　两人商量过后，决定地下那层归叔叔住，上面两层借给她，就这样住到了一起。很快，女人在当地一所高中找到了工作，还交了个建筑师男友。她男友后来也搬了进来。

　　几年前我去拜访叔叔时，那对恋人已经把自己的房间全部刷成了红黄两色，二楼卧室的自制书柜里摆满了两个人收集来的旧书。女人用仅有的钱买下了一架二手的法国普雷耶钢琴，放在起居室里显得格外有存在感，象征着有情人幸福的生活。

　　到了晚饭时间，女人说要展示一下厨艺，便到面向后院的小厨房里与食材"搏斗"去了。然而，直到她把新鲜出炉的烤肉端上桌，也不见楼下的叔叔有要上来吃饭的意思。吃过饭后，女人坐到了钢琴前。"这架钢琴能弹出肖邦钟爱的那种晶莹剔透的音色。"她边说边为我和她男友弹奏起了《英雄波兰舞曲》。钢琴的音色确实不同凡响，可我却放心不下此时大概正在楼下独自吃饭的那位可爱的叔叔。

他就不寂寞吗？难道他听不见这钢琴声吗？

也许你会觉得我这样想太"日本人"了，但就算对方是将个人主义贯彻到底的英国人，也已经是位年过八旬的老人，何况虽说收了房租，这里毕竟是他的家，他原本在这里过得悠然自得。他就不想融入这片有琴声流淌的夕阳景色吗？仿佛将这些都置之度外一般，女人在恋人温柔目光的呵护下，对自己弹错的琴音毫无顾虑地笑着。

几年后，当我再次拜访那里时，我从那对恋人那里得知了叔叔突然离世的消息。"我们正在整理他的遗物。"男人说着带我走下楼梯。楼梯下面是小厨房，灶上的一口铁锅据说是叔叔生前特别想要露一手的时候会用到的。厨房后面是餐厅、主卧和紧凑的卫浴间。和这对恋人在楼上的生活空间相比，这里属于那种典型的五脏俱全的英国地下室。打开后门还有一个小空间，从那里能看到通往外面人行道的石阶。石阶周围摆着几盆美丽的天竺葵，在微弱阳光的映照下为那里增添了几许明艳的色彩。

男人告诉我，当他们发现叔叔时，他正蹲在楼梯上，说胸口难受。他们带他去了医院，但短短三周后，他就因急性心肌梗死去世了。住院期间因为一直有医生和护士在照顾，他俩几乎没怎么帮上忙。

"真的是太突然了。"男人望向厨房，有些不舍地说。

"你们和叔叔相处得好吗？"我见状问道。那次没有叔叔到场的晚餐成了我的一桩心事，所以我无论如何都想知道这对恋人和叔叔之间的隔代生活究竟是怎样的。大概是看出了我的心思吧，男人一边回忆一边说起来。

"我们有时候会一起去附近的酒吧喝酒，如果时间对得上的话。我还请他当过我负责的建筑项目的工程监督。我和女友吵架闹分手的时候，也是因为有他听我们倾诉，我们才冷静了下来。叔叔喜欢听爵士乐，会开得很大声。她呢，你也知道，半夜也会弹钢琴。不过就算是这样，我们也都很尊重各自的空间，一直都相处得不错。"

女人和叔叔之间，更像是一种精神上的各取所需的关系。叔叔因为有她住在楼上而感到安心，她也因此让住处有了着落。不过这里面有一个先决条件，那就是关系中的双方必须都是独立的。

说到"独立"（independent），如果在字典里查"个人"（individual）这个词，你会发现其源于拉丁语，原本的意思是"不可进一步分割"。首先拥有明确的自我，然后再与他人建立连接，这便是这个词中蕴含的西方个人主义思想的核心。

男人还说，他们不但平时分开吃饭，即使每年过圣诞节的时候，叔叔也会单独出门去看老朋友——尽管这十年来家里多了一对年轻人，但叔叔每年聚集一堆朋友举办圣诞宴会的这个习惯也从未改变。每年平安夜早上，他都会穿上漂亮的外套，提起行李箱，然后留下一句"祝你们过一个愉快的圣诞节"，就出门旅行去了。男人告诉我，叔叔一定有着连他们都不了解的人际关系，而且从未停止过对人生抱有期待。

　　当我问他"叔叔对你来说是什么人"的时候，他是这样回答的：是位好友。但他随后又说："我的父母都不在了，也没有来往的亲戚。不能说我当他是父亲吧，但他是唯一一个让我觉得可以无话不谈的人生的前辈。"一个内心独立、有智慧又善于协调的人，大概和任何人都能建立起良好的关系吧，听了他的话，我不禁打心眼里羡慕这样的人。说到底，幸福安稳的生活不是靠别人给予的，而是我们自己首先要活成那个样子。

　　有的人即使有家人陪伴，心里也总是觉得不满足，而有的人哪怕是孤身一人，也能找到适合自己的生活方式，用一生歌颂人生。

　　大约在一年前，这对恋人已经以共同的名义正式从叔叔手里买下了那栋房子。直到去世前，叔叔还在开着他的爱车到各地的乡间钓鱼，那辆白色的露营车如今仍然停在车库里，仿佛讲述着他别具一格的幸福一生。

英国国家统计局公布的数据显示，愿意走进婚姻的英国情侣数量正在急剧减少。2010 年时，男性的结婚率为千人中 21.8 人，女性为 19.8 人，创下了自 1862 年维多利亚时期开始这项调查以来的新低。

这种背景下，一方面，英国人不再对婚姻抱有不切实际的期待，约有半数新人会在十年内离婚，另一方面，越来越多的情侣选择以"事实婚姻"（cohabitating）这种非登记结婚的形式相伴终身，该群体的数量相比往年增加了 230 万人。事实婚姻是没有任何外在制约的、仅靠彼此间的爱情与信任结成的关系，一旦爱情冷却便宣告结束。不难想象，终其一生只以一个男人或女人的身份出现在关系里，这种生活方式是伴有紧张感的，但是对中老年人来说，事实婚姻的可能性也成了他们与亲属以外的人建立关系的原动力。

大概就是受这种弹性思维方式的影响吧，人口普查的结果显示，英国有七成老年男性是和女性同住的。相较于生活凄惨的日本独身男士，英国男人不但提倡终身恋爱，反复离婚并再婚的情况也非常多。其中也有人像叔叔这样，按照自己的意愿和朋友或远亲相依为命一起生活。

一份薄礼加上亲切的问候，再可怕的亲戚也能被你收服

不知道该怎么跟亲戚相处的人和以前比变多了。亲戚不像朋友或同事，平时没什么接触的机会，所以也没什么共同话题，再加上代沟，即使见了面也不知道能聊些什么，别提多麻烦了。所以每次因为红白喜事接到亲戚的电话时，我都会下意识地在心里抵触一下。

然而，自从过了三十五岁，每年叫我去参加婚礼和葬礼的电话就没断过。

此外，如今越来越多的女人不愿意在盂兰盆节和新年的时候跟老公回老家，男方婚后要围着女方的亲戚转似乎已经成了婚恋市场上的潜规则。我就常听周围一些三十多岁过了适婚年龄的女人在终于下定决心要结婚的时候这样说：男人必须不能跟他们家的亲戚有来往。

有个和日本女人结婚生子的英国男人跟我说，日本人每次到了家庭聚会上不是聊钱、聊工作，就是聊生病。

此人以前在英国北部纽卡斯尔的福利局上班，对日本完全没

有概念。他妻子是位口译员，一个二十多岁土生土长的东京女孩。男人婚后来到日本生活，发现很多事情都让他感到困惑不已。

"有孩子的亲戚之间会比较谁家的孩子考取的学校更好。如果家里有点产业，兄弟又比较多，私底下就会盘算谁能分到多少家产。所有人关心的都是这种事。"

被家庭聚会搞得身心疲惫以后，他在亲戚面前说出的日语就只剩下"是吗"和"挺好"这两句了。因为如果当面把真心话脱口而出，回家以后一定少不了和妻子大吵一架。

前文提到，即使是再普通的英国人，生前也会立下遗嘱并反复修改，以此规划好自己死后的遗产归属问题。换句话说，孩子和亲属在这件事上是没有发言权的。这样的好处就是每年到了相当于日本新年的圣诞节时，即使亲戚齐聚一堂，也很少出现各家之间明争暗斗，说话虚情假意的劳神场面。

在我们看来，也许会认为英国人和亲戚之间的关系是疏离的，但事实并非如此。特别是在英国北方和乡间，人们对血缘的重视程度甚至要在日本人之上。

有个家住伦敦、从事电影行业的英国男人，曾因为不知如何跟自己住在兰开夏的堂姨相处而伤透了脑筋。原因似乎是他那位做脚本家的妻子，对这位做派宛如女巫的夫家亲戚避之不及，结婚头几年每逢快到圣诞节的时候，都会以胃疼为由拒绝去兰开夏探望堂姨。

这件事的开端还要上溯到二十年前。当时男人订婚了，于是带着未婚妻去看望这位几年也见不上一面的老太太。和母亲关系颇好的堂姨住在一座死气沉沉的乡间小镇里，守着一栋黑漆漆的石建宅屋，一见到两个年轻人就大发牢骚，说"这也就是有事了才来看我，现在的年轻人怎么这么淡漠呢"。接着她又对男人的未婚妻说："你们从伦敦开车过来当天就能到，以后你要是怀孕了、得了病什么的，一定要言语一声啊！"俨然一副今后你想躲也躲不开的架势。

这世上最难缠的，莫过于一个平时没人搭理又爱唠叨的亲戚了。事后未婚妻大发脾气，她觉得自己把整个周末搭进去完全就是专程去挨骂的。尽管如此，男人的母亲还是叮嘱儿子"不要不理你堂姨"，搞得他一想到今后的事就头大。不论是在东方还是在西方，遇到这种情况男人都是免不了要受夹板气的。

不过，英国人办葬礼倒是不像日本人要聚集那么多亲戚，通常只有与故人格外亲近的人才会出席。另外像是在春分秋分时扫墓和做法事的习俗，他们也几乎没有，圣诞节也是只有走得特别近的亲戚才会聚在一起吃饭。这样一来，他们那边亲戚聚得最齐的时候，其实是在被称为节礼日（Boxing Day）的圣诞节第二天，也就是 12 月 26 日。

说是齐聚一堂，实际上就是去亲戚家走个过场，边拿着饮料、吃着零食，边谈天说地罢了。这种显然保持着距离感的往来方式，乍一看是要比日本人过节轻松很多的，不过对当事人而言，仍然要面对"请谁不请谁""怎么吃饭"这类让人头疼的问题。

前面提到的那个男人也是，婚后他为了能把对亲戚过敏的妻子和兰开夏的堂姨撮合到一起，可谓煞费苦心。他在伦敦长大的年轻妻子，此时已经靠写脚本而小有名气，因为想不通贤惠的婆婆为何要跟那个带刺的老女人走得那么近，心里总是疑神疑鬼的。

妻子的心境发生变化，是在怀孕以后再次去拜访堂姨的时候。那次她婆婆也跟着一起去了。席间，堂姨从昏暗的书房取来一本好像旧词典的用皮革装帧的《圣经》，小心翼翼地抱在怀里。"请看这个。"她翻开空白页里记录着男人母亲家族谱的家族圣经，展示给男人的妻子。

"这本《圣经》里记载着这个家族二百多年来每一代人的历史，读了它，我们家族曾经发生过什么你就都了解了。"

泛黄的书页里如今已经写上了两个年轻人的结婚日期、现在的住址、电话号码以及从事的工作，是堂姨亲笔添上去的。堂姨告诉外甥的妻子，当初第一次见面后打电话给她，对她的工作问长问短，也是为了能把她的状况写进家族圣经里。

过去发行的《圣经》，卷首或卷尾会有大约一百页没有任何印刷的白页，那是留给一个家族的管理者记录所有亲族的生平的。据说人们会把家族圣经看得比存折还要宝贵，如果家里失火了，头一批被抢救出来的东西里必定有它。

"只要有我在，子孙后代就能知道自己的来处，就不会迷失方向。"

堂姨作为家族圣经的看守者，长年来一直关注着分散在世界各地的家族成员的消息。正是因为深知这件事的重要性，男人的母亲才决定要帮助远在他乡的堂姨，把自己所能了解到的亲戚的近况都汇报给她，并催促自己的儿子去登门拜访。

此前嫌弃堂姨的男人的妻子，在亲自体验了一把仿佛 BBC 寻根节目《你认为你是谁？》（*Who Do You Think You Are?*）的情景之后，对堂姨的看法有了改观，不再觉得她只是一个烦人的老巫婆了。虽然因为长年从事奇特的工作，堂姨吹毛求疵的性格仍然是让人触霉头的，但两个年轻人已经摸索出了和堂姨和睦相处的法则：串门时只要一个劲儿地听她讲老祖宗的事就完了。

有个老家在剑桥的英国女人，自从嫁给了在西威尔士梅里奥尼思经营牧场的老公，和大姑夫妇一家周旋了很多年，她从中总结出了一套如何跟爱挑理的亲戚处好关系的秘诀，并把它传授给了我。秘诀如下：

其一，越是相处不来的亲戚，对方在问东问西的时候，越要一五一十地把他想知道的都告诉他。

其二，遇到岁数大的亲戚，一定要表现出对他们的生活习惯很有兴趣的样子，并请求对方把其中的心得传授给自己。

其三，去亲戚家串门时，见了面可以先聊聊房子的装修、庭院、邻居，以及对方用来招待你的点心，总之但凡是看得见摸得着的东西，都可以先夸奖一番。

其四，见面礼可以选择茶点或小碟小碗一类的东西。

其五，邀请一帮亲戚来家里做客时，可以顺便喊几个能缓解亲戚矛盾的朋友或邻居给自己暖场，他们被称作"暖场客人"（buffer guest）。

这五条乍一看都是世人皆知的道理，但正因如此才容易被我们忽略。女人正是靠着这些从生活中获得的感悟让自己走出了亲戚恐惧症，现在哪怕是再会挑理的亲戚，她都能毫无压力地搞定了。

我们总说人与人之间变得越来越疏离了，其实英国人也一样。正因为是亲戚，才更会因为一点小矛盾就搞得不欢而散。亲戚是很麻烦，但只要懂得如何相处，便能从他们身上感到有如家人一般的温暖与包容。在这个生活变得越发艰难的时代里，亲戚之间的情义将变得更加难能可贵吧。

守护家族圣经的兰开夏老太太和年轻夫妇的故事还有后话。有个早年在美国发迹的远房亲戚去世了，留下了一笔巨额遗产。老太太在收到讣告后立刻按照家谱联络了世界各地的亲戚，最终在俄勒冈州的农村找到了逝者的正统继承人——一位一边以传教士身份在学校里教书，一边与家人过着清苦生活的青年——并决定让他继承相当于数十亿日元的遗产。据说当这个年轻人接到远在英国的老太太打来的电话时，震惊得差点儿没把话筒掉在地上。至于那对年轻夫妇，他们从始至终都知道老太太的办事风格。

老太太寻根问底的精神以及与年龄不符的行动力让两人很是佩服，经过这件事以后，他们觉得自己跟她更亲近了，并说好了每年复活节的时候都会去看她。

结束通话时，本以为会在爽朗笑声中挂断电话的老太太突然补上一句：

"如果以后你们的孩子遇到什么事了，记得一定要让他来找我啊！只要我这个曾祖母还有口气，不管子孙后代散落在世界的哪个角落，我都能为你牵线搭桥。谁让我们是同一棵大树上长出的枝丫，是无可替代的亲人呢！"

☕ 配偶离世后和朋友互相帮衬安度晚年

"回到日本以后，一定要把那张我和他的合影寄给我啊！"

时隔一年，当我再次见到独自住在科茨沃尔德村边的老妇人安时，一向沉静的她意外热切地对我说道。"好的，我一定寄给你。"我如此答道，心里却很是纳闷：她为何那么想要那张合影呢？那个人又不是她的丈夫。

安的丈夫在很多年前因病去世，几个孩子如今也都移居海外。上次我去拜访她时，她已独自生活十余年，当时她正跟一位戴墨镜的时髦老爷子在院子里的桌子旁边吃三明治。看到那一幕时，我不由自主地按下了快门。

我悄悄向正在她家务工的园艺师打探两人的关系。"那个男人有老婆的，而且他老婆人很好。他和安属于那种很合得来的朋友。"园艺师的回答间接否定了我的猜测。

园艺师还告诉我，这位穿着入时的老爷子叫迈克，和安在三十几岁正当盛年的时候就认识了。迈克当年在约克卖车，而安曾向他买过一辆限量版的梅赛德斯。两人因此相识后，都把自己的另一半介绍给了对方，两家人就这样成了朋友。汽车出了问题，安的丈夫会叫懂维修的迈克过来帮忙，反过来，迈克也会跟比妻子更懂房地产的安商量换购房子的事，一来二去，他们互相尊重，成了至交。两对夫妇会放下各自的孩子，一起驾车去苏格兰旅游，也会把孩子们凑到一起，送去法国的夏令营。两家人熟络得就像亲戚一样。

这样的友情，即使安夫妇在距离约克 300 千米的科茨沃尔德购置了一栋老洋房作为新家也没有中断——迈克夫妇选中了安夫妇家附近一座风景秀丽的农庄，也搬了过去。朋友不多的迈克和活力四射的安很合得来，彼此相处得久了，他不仅在车的品位上受她影响，就连对房子的喜好也有所改变。

迈克买下的农庄坐落在一个只有一家杂货店和一间酒吧的小村子里，房子是用石灰岩建造的老古董，颇有情调。他打心眼里喜欢上了西南部科茨沃尔德温暖的气候，以及这里远比约克舒适的生活氛围。退休以后，他开始每周三次给当地的警察局做帮工，包括管理遗失物品和给人带路等工作在内，他像志愿者一样为当地居民提供着帮助。

闲适的日子一天天过去，安的丈夫去世了，安变成了孤身一人，但她和迈克的友情并没有改变。喜欢驾车的迈克每次开着车去安的洋房看她，要么替她更换屋外电灯的灯泡，要么帮她检查防盗报警器是否工作正常。这些对独居女性来说棘手的、需要男人来做的杂事，迈克非常自然地包揽了下来。

即使上了岁数，男性朋友也是很可靠的。除了女性同伴外还能结交到迈克这样的男人，我打心眼里羡慕安。

然而就在不久前，迈克的腹部检查出了恶性肿瘤，迈克住进了医院。"考虑到他的年纪，他可能活不了太久了。"听了麦克妻子的话，安深受打击。万一就此永别，她希望至少能留一张他的照片在身边，所以才拜托我把他们俩的合影寄给她。

"因为术后恢复得还算不错，这次好歹从医院里出来了，但是下次什么时候又会倒下都是说不准的事。"安落寞的侧脸让我一度担心起了她的生活会变成怎样，然而安却在此时发挥出了她与生俱来的行动力。"这次轮到我去看他了"，安坐上了新换购的蓝色标致汽车，向正在等候她的迈克夫妇的家驶去。如今，安会时常载上因照顾迈克而劳顿的他的妻子，一起去邻近的小镇购物。安和迈克的友谊连他的伴侣也能包容在内，在苦境中迎来了成熟期。

男女之间存在真正的友谊吗？这是女性杂志上老生常谈的话题。而在英国，像安和迈克这样，两个已婚异性在生活上相互帮衬的情况并不少见。

在以英国为首的欧美国家，夫妻是人际交往的基本单位，不管是去聚会还是去旅行，一般都是夫妻二人结伴而行。既没有闺蜜组，也没有太太团，也不会有几个大男人周末凑在一起昏天黑地搓麻将、打高尔夫。这种以夫妻为单位建立起来的友谊，即使老后有人先一步离世，其余的人仍然会时常走动，友情如初。正是这样的友情，为人们在老后仍然能够独自生活提供了保障。

任何人到了垂暮之年都将是孤身一人，但如果我们能够一如既往地和身边的朋友保持稳定而充实的关系，那么我们便可以远离孤独和不安，甚至还能体会到那种仍然可以靠自己的双脚迈出人生步伐的喜悦。

在英国，为了避免配偶仙逝的高龄老人们因缺乏人际交往而陷入孤独、失去生机，社会上涌现出了许多不同种类的志愿者团体。比如有一段时间安腰疼得厉害，就会有人每周两次来家里帮她洗澡。在大部分成年人都有参加公益活动的英国，志愿者已然成为高龄老人们的又一张安全网。

如果洗澡一类的身体护理工作和正式的家务援助都可以交给自治体和志愿者来做，同时和朋友一起分担日常杂事，那么即使在配偶仙逝之后，朋友之间仍然可以像往常一样来往，而不至于造成一方完全依赖于另一方的结局。

相比之下，在日本极少有人以夫妻为单位亲密往来。在独居老人数量激增的东京、大阪等城市，如果夫妻中有一方先离开人世，另一半大概率会成为孤寡老人。他们大部分是在高速发展期为了求职从地方移居到城市后组建的核心家庭，因此身边很少有兄弟姐妹或其他亲戚。

但如果我们不再用"亲人"和"外人"去区分他人，那么即使伴侣不在了，外人仍然可以成为可靠的生活支柱，我们也就不会认为老后单身等同于孤寡了。

这样一来，也许在我们中间同样可以建立起英国式的、自由的老年人际关系。

回想起来，以往我在圣诞节那天住酒店时，曾不止一次碰见过关系要好的三个老年人走在一起。每次聊起来，都发现对方是一对夫妻和一位好友的组合，而且都是中老年人，所以给我的印象很深。看着他们，我就想起了安和迈克。其实在旁人看来，他们融洽得根本分不清谁和谁才是一对。

说起来，以前我在国内的青森县旅行时，曾在市场里偶然结识了一位家住鱼河岸[1]的大婶，她请我去家里做客，我也因此得知了这位本该和老伴关起门来过日子的大婶，家里还住着另一位年纪相仿的老先生。

"他是我父亲的远房亲戚，因为无依无靠了，我老伴就答应了让他搬过来一起住。每天晚上他俩都会喝点小酒，热热闹闹的挺好。"

正在起居室里悠闲看着电视的老先生听得有些不好意思了，也过来跟我打招呼。不过，既然当着我这种过路人的面都能大大方方地把家里的事讲出来，想必他们之间的关系是挺好的，日子也还算过得不错。

---

[1] 即河岸边鱼市场。从日本桥到江户桥的河岸有鱼市场而得名。

所以我会想，我们与其硬着头皮去拓宽人脉，不如去和那些虽然不是亲人，却能让你乐于跟他们相处的人待在一起，培养出更加深厚的友谊。并不是为了能依靠谁，而是因为我们有想要与之分享人生的人，如果以此作为人际交往的基石，我想今后的人生中还将有很多值得期待的东西在等着我们。

☕ 文库版后记

　　根据总务省 2011 年公布的数据，日本工薪家庭的平均月薪为
51 万日元，除去非消费性支出，到手收入为 42 万日元，其中，31
万日元用于餐饮、住房等日常生活开销，剩余的 11 万日元中，5.4
万日元用于储蓄。另一项来自某人寿保险公司的调查显示，日本
已婚女性的私房钱数额在 2012 年创下历史新高，平均每人有私房
钱 384.3 万日元，预计受经济增长减速影响，今后人们会更加倾向
于将缩水的奖金存进银行。

　　2008 年，也就是我着手写这本书的那一年，读过我的书的一
位国会议员希望我能讲一讲英国人的生活方式，于是邀请我去参
加由政府直属的国家战略局主办的"人生百年——当代人生设计
计划会谈"。日本是世界上最长寿的国家[1]，然而有民意调查显示，
70% 的日本国民都生活在不安之中。而此次"人生设计计划"的
发起初衷，便是为了能够针对这一问题，直接向首相提出具体的

---

[1] 根据 2021 年世界卫生组织发布的统计报告，日本已经 20 年蝉联全球
　　寿命第一，日本居民平均寿命达 84.5 岁。

改善方案。当时恰逢后期高龄者医疗制度的出台，国会议员和厚生劳动省的干事们，大概是想从英国人的生活方式中找到解决国民不满情绪的对策吧。

在会上，我足足用了一小时，通过近一百张幻灯片详细介绍了我所了解的英国人的生活，比如本书中也有涉及的"金银岛冒险的游轮之旅""靠职务共享运营的咖啡厅""和家庭成员以外的人一起生活的独身老人"。令我意想不到的是，与会的官僚们在听过我的讲解后纷纷发出了强烈的感叹，于我来说算是个喜出望外的结果吧。但日英两国在社会制度上不可消弥的差异，也确实让我感到了徒劳和沮丧。

不过，日后当我收到准备提交给首相的提案书的副本时，我的心情是激动的。会谈中曾让政治家和官僚们时而感慨时而又陷入沉吟的英国人的生活方式，已经被确实地转化成了具体方案，并以"健康""生活""劳动模式"等主要项目的形式呈现在了那份长达数页的文件里。不仅如此，提案里还加入了对"能够生财的英式房屋改建术"那一篇中出现的二手房市场的评估，以及通过销售淘汰的家庭用品来为慈善活动筹集资金的"义卖商店"计划。

其中给我印象最深的，是提案中一项因对"南尤斯特岛徒步之旅"有感而发的，关于我们该如何看待生活的建议。在大雨中携手前行、宁可花大价钱购买雨衣也不让坏天气妨碍自己歌颂生活的英国老人的魅力，就连那些原本对英国没什么兴趣的官员也为之动容。

经济复苏、告别通货紧缩，尽管新安倍政府打出了这样的口号，但是在核事故的处理问题上始终无法拿出明确方案的同时，日本却大踏步地走上增税的道路。对于实质上还将持续下去的降薪时代，某位经济评论家给出了这样的人生指南："首先妻子也要出去工作，然后放弃汽车，放弃购房，削减教育开支。"换句话说，能多赚点就多赚点，然后把大的预算都砍掉。可是，不论怎么看这都是治标不治本的办法。就拿原油价格这一点来说吧，随着新兴国家的高速成长，他国对原油的需求只会不断扩大。如果世界范围内的价格体系都在不断变化，那么即使赚得再多，花得再少，恐怕我们早晚有一天也会过上另一种入不敷出的生活。

人生前景一片渺茫，这种时候有病乱投医，最终只会让我们连自己为什么工作、为什么而活也没了主意。既然如此，眼下要做的便是从根本上改变我们每个人的生活方式，让生活在收入减少的前提下仍然能够成立。

为了让生活与即将到来的时代接轨，我们必须从结构上对包括"富足的标准"在内的我们的生活文化做出调整。至于具体的思路，我认为，是可以从正在遭受比日本更严重的物价上涨的英国人的生活方式中获得启示的。比如，相比高薪和事业，通过半退休让自己有更多的时间陪伴家人；相比依赖药物和医院，通过在自然中漫步和游泳让身心保持健康；相比削减伙食费，不如想办法把剩菜利用起来，或是在院子里种一点菜，平时多做一些放得住的食物；学会利用正在住的房子增加收入；等等。

第二次世界大战期间，当大量英国人在德国的轰炸中死亡，陷入粮食短缺的英国却宣布将建设福利国家[1]。在经历了第一次世界大战以及紧随其后的社会恐慌之后，英国经济开始走向衰退，当英国政府判断即使按现有路线继续发展也无法再创工业革命带来的辉煌时，便对国家的发展方向做出了大幅调整：在战争尚未结束之时，便开始以建立福利国家为目标，积极应对失业和医疗资源不足的问题。尽管战争灾害仍在扩大，但是，"要建立起让任何人都能安居乐业的国家"的宣言，让国民对未来充满了希望。

尽管日后又进一步提出了"从摇篮到坟墓"的口号，尽管至今仍有许多问题尚待解决，但延续至今的社会保障制度和国民保健服务系统（NHS）便是在当时初具雏形的。

不过，即使政府能为国民搭建起这样的框架，如果国民自身不能建立起独立的价值观并追求与之相符的生活，一个国家的社会现状也将是缺乏情趣和多样性的。

我在伦敦的老城区取材时，去过哈克尼区（那里居住着大量的劳动阶层）的一家职业介绍所。就是在那时，我发现英国社会有着大量的面向老年人的社团活动，种类之多令人惊讶。这些活

---

[1] 1942 年发布的《贝弗里奇报告》是英国建设福利国家的基石和开始。

动均是由一个地区的自治体和慈善组织开办的。

包括退休人员在内的五十岁以上的居民，可以以每次一英镑的价格，从"新闻谈话会""编织品兴趣班""爵士舞俱乐部"等数不清的类别中选择自己喜欢的课程报名参加。关键在于，课程的讲师全部由志愿者出任，而且对于身体不自由、有外出困难的居民，他们还会主动上门进行一对一的教学辅导。这样的社会氛围，大概只有当愿意无偿提供一技之长的志愿者人口占绝大多数的时候才能够实现吧。并非出于"道德感"或"责任感"，而是打心底里认为向别人提供些什么这件事无论如何都是有乐趣的，都是值得去做的。正是这样的价值观念，让志愿者获得了来自无数家庭和社会的认可。当我们谈论年轻人之间令人窒息的隔阂感，以及被社会孤立的老年人时，或许首先应该关注的问题在这里。

除此以外，在英国还有不计其数的慈善组织和参与其中的志愿者，他们为了全方位支撑起独居老人的晚年生活，用无偿的付出编织出了一张细密的防护网。下面是我曾调查过的一些我感兴趣的内容。

● 慈善组织 Stoke Project，为脑出血后导致半身不遂的老人提供"不超过半小时的免费房屋修补服务"。

● 慈善组织 Sharp Group，"免费上门帮助坐轮椅的老人进行康复训练"。

● 推广防跌倒措施的慈善组织 Stop Falls Network，"免费在房间里和楼梯上安装扶手"。

不论是接受帮助的人，还是给予帮助的人，都能通过这样的公益机制为人生找到方向。

每当我看到英国人所拥有的如此多样化的人生选择时都不禁感慨，这是多少人为了活出自己想要的人生，一点点努力共同争取来的结果啊。正因为有着强有力的来自社会的支持，人们在面对物价上涨和实质性的收入下降，甚至是由全球经济衰退带来的生活变故时，才能够毫无顾忌地按照自己的意愿去享受生活。

根据 2008 年英国国家统计局公布的数据，在过去十年里，大约有 200 万人从英国移居海外。导致这一现象的原因，是越来越多的富裕阶层开始选择提前退休，以及受全球经济衰退影响，去自己喜欢的国家居住这件事，已经不再像过去那样遥不可及。

在旁人看来，这样做或许有些意气用事，但是对活在当下的人来说，每个人的幸福标准都是不同的。并非一味地追求人生的合理性，而是从工作到生活都把自己的意愿摆在最前面，放手去做，再以此为起点发展出经济能力和人际关系。当我们开始沿着这个方向看待人生时，我们已经发起了一场对生活的改革——一场可以概括为"年收入 200 万日元"的，以减薪时代为背景的广义上的生活改革。

2012 年，伊丽莎白女王继位六十周年与伦敦奥运会的召开令英国受到了前所未有的瞩目。为了与欧洲划清界限，阻挡欧元债务危机的影响，年轻的卡梅伦政权以国家复兴为由，推出了增税和削减大学生助学金等一系列严苛的政策。如果世界性的经济低迷还将继续，希望每个人在读过这本书后，都能从书中描绘的坚定的生活哲学中找到对生活的向往，以及用平和的步伐走过美好一生的启示。

医疗的进步和居住环境的改善使我们的人生变得更长了。五十岁，对我来说这是一个开始意识到自己的衰老，并开始对朝向终点的人生后半程充满期待，为了不辜负这段时光而开始实际采取行动的年纪。

在这本书的文库版问世之际，我要由衷地感谢我的恩师理查德·克莱顿先生，以及讲谈社生活文化第二出版部的大屋熏老师，谢谢你们给予我的关照。

井形庆子